Brigitte Pick

Kopfschüsse

Wer PISA nicht versteht, muss mit RÜTLI rechnen

VSA-Verlag 2007

www.vsa-verlag.de

Redaktionelle Überarbeitung und Beratung: *Peter Umbsen*
Umschlaggrafik unter Verwendung der Titelzeichnung von Klaus Ensikat aus »Wilhelm Tell« nach Friedrich Schiller, neu erzählt von Barbara Kindermann, Reihe Weltliteratur für Kinder, mit freundlicher Genehmigung des Kindermann Verlags Berlin.
Foto vordere Umschlagklappe: Sophie Wolfbauer/dpa
Foto hintere Umschlagklappe: Uwe Steinert
Druck- und Buchbindearbeiten: Offizin Andersen Nexö, Leipzig
ISBN 978-3-89965-222-2

Inhalt

Wie es ist, so bleibt es?

Pädagogen, Bildungsforscher, Bildungspolitiker, Journalisten[1] haben die Schule analysiert, Prognosen erstellt, mit Alternativen experimentiert. Sie haben Unmut geschürt, die Wirtschaft mobilisiert, das Interesse der Nation betont. Weil nun jeder meinte, mit vielen Modellen Aktivität nachweisen zu können, sich grundsätzlich jedoch nichts änderte, begann man die Opfer des obsoleten Systems zu denunzieren: die Schüler – weil sie angeblich nichts wollten und nichts konnten, als gewalttätig zu sein; die Lehrer – weil sie inkompetent, faul, unfähig, Werte zu vermitteln, vor allem aber von einem mysteriösen Virus befallen worden waren. Dieser hatte wohl in der Folge des gesellschaftlichen Unfalls von 1968 die unheilvolle »Kuschelpädagogik«[2] ausgelöst.

---

[1] Unter diesen sind – ebenso wie unter Lehrern und Schülern – ein sehr großer Teil, bei einigen sogar die Mehrheit, Frauen. Wenn also im Folgenden von diesen die Rede ist, sind immer ausdrücklich die Frauen und Mädchen mitgemeint.

[2] In der *Frankfurter Rundschau* vom 28.2.2002 spricht die damalige Kultusministerin von Baden-Württemberg und heutige Bundesbildungsministerin, Annette Schavan, von einer neuen *Leistungskultur* und nimmt damit auf, was der Präsident der Bundesvereinigung der deutschen Arbeitgeberverbände (BDA), Dieter Hundt, gefordert hatte: Es müsse Schluss sein mit *Fun* und *Kuscheln*, dafür gehe es um Maßstäbe, Orientierungen, Lernziele, um Kulturtechniken und eben um die guten alten – auch um den Preis von Strafen – herzustellenden Sekundärtugenden. Dagegen führt nun der Pädagoge Professor Peter Struck aus, man müsse *Verständnispädagogik* mit *Konfrontationspädagogik* anreichern, man

Auf jeden Fall – alle sind *PISAschockiert.*[3] Eine derartige Bildungskatastrophe hatte man schon einmal in den 1960er Jahren ausgerufen und in deren Folge das Recht auf gleiche Bildung für alle gefordert. Etwas unbedacht wurde propagiert, man solle seine Kinder »länger auf bessere Schulen schicken«.

Chancengleichheit wurde mit der Gründung der Gesamtschulen zum Thema. »Bildungschancen« und »Begabungsforschung«, »Evaluation« und »Innovation«, »kompensatorische« und »emanzipatorische Erziehung« wurden zu diskussionsleitenden Schlagworten.

Die Organisation der Schule hat das wenig beeinflusst. Es wird weiter heftig darüber gestritten werden, welche Leselernmethode günstiger sei, ob es sinnvoll sei, die Nationalhymne obligatorisch zu singen, ob es Disziplin fördert, Schuluniformen vorzuschreiben, ob man nicht die gute alte Kopfnote wieder einzuführen habe etc. Auf geradezu umwerfende Weise wurde die Erkenntnis umgesetzt, derzufolge die Ganztagsschule den Ausweg aus dem Bildungsdesaster bedeutet. Längeres Einsperren als Befriedungs- und Motivationsstrategie – darauf muss man erst mal kommen.

Dass es weiterhin Verlierer und Gewinner geben wird, dass es Auslese braucht, dass die Kinder aus den so genannten bildungsfernen Schichten zu den Verlierern zählen werden, das wird Bestand haben. Eine Institution verändert sich nicht, sie folgt den Entwicklungstatsachen.[4] Kinder werden sortiert: Sie

---

nehme dann die Schüler mit einer neuen *Anstrengungskultur* ernst. Wird es nun Professuren für Konfrontationspädagogik geben? Auf deren Diskurs mit den Verständnispädagogen darf man gespannt sein!

[3] Als störend wird augenblicklich hauptsächlich der Imageverlust durch schlechtes Ranking empfunden. Da ist es wie in der Bundesliga: Wer sieht sich schon gerne im unteren Teil der Tabelle?

[4] Ich erinnere mich an eine Veranstaltung etwa 1971 mit dem ehemaligen Bildungsstadtrat von Neukölln und späteren GEW-Vorsitzenden

vermögen sozial nicht zu differenzieren, wenn sie Erwartungen haben, sie sind unreif, wenn sie fragen, anstatt zu antworten, man behauptet, sie seien psychisch behindert, wenn sie dem ausgeübten Schulzwang apathisch oder aggressiv begegnen, man sieht sie als Leistungsverweigerer, wenn sie es nicht prickelnd finden, Diktate zu schreiben oder sich per Aufsatz zu besinnen. Schließlich gelangen sie als Benachteiligte in den Genuss besonderer Maßnahmen, die man als Förderung bezeichnet. Wer will schon begreifen, dass die Mittel der Unterdrückung niemals die Mittel der Förderung sein können.

Schule nimmt an, dass diese Kinder das Geforderte nicht können, nicht wollen oder schlicht den Ernst der Lage nicht begreifen. Sie werden als Problemfälle etikettiert. Wer kein Problemfall ist – das ist in der Hauptschule mittlerweile die Ausnahme –, der kann mit dem üblichen Unterrichtsverfahren bedient werden. Die offene Unfähigkeit der Schule, alle Kinder zu bilden, wird wie selbstverständlich nicht erkannt und nicht anerkannt. Die Kinder sind das Problem, die Eltern, die Medien, das soziale Umfeld.

Schule hingegen bleibt grundsätzlich gut aufgestellt. Sie muss allerdings immer mehr tun, um das weiterhin glaubwürdig zu behaupten.[5]

Erich Frister, der in der damals typischen Art linker Sozialdemokraten im Mitternachtsplausch anmerkte: »Die Schule wird sich tatsächlich erst dann verändern, wenn sich die Arbeiter bewaffnet haben.« Nun ist heute kaum vorstellbar, dass die Arbeiter als obsolete Restklasse noch zur revolutionären Tat schreiten werden. Frister hatte gleichwohl nicht Unrecht. Schule wird sich erst dann wirklich ändern, wenn die Opfer ihrer Rolle überdrüssig werden.

[5] Im *Tagesspiegel* vom 26.7.2006 bemerkte der Sprecher des Berliner Bildungssenators, das schlechte Abschneiden der Hauptschule beim mittleren Schulabschluss liege nicht an ihren Strukturen, man habe lediglich noch nicht von den eingeleiteten Reformen profitieren könne, die seit dem PISA-Schock etabliert worden seien.

Ich will in diesem Buch mit meinen vielen kleinen Berichten zeigen, wie ich die Schule überlebte, will versuchen, den Zusammenhang zwischen Persönlichem und Institutionellem zu beschreiben. Vor allem aber geht es mir darum, den Jugendlichen, die in der veröffentlichten Meinung mehr oder weniger pauschal als gewalttätig, bildungsunfähig, aggressiv, fundamentalistisch, chaotisch beschrieben und angesehen werden, ein Gesicht zu geben.

Meine Geschichten sollen beispielhaft darlegen, dass die vorverurteilten Jugendlichen Schicksale verkörpern, dass sie andauernd Versuche unternehmen, sich zu befreien, dass sie Freundschaft und Liebe suchen, dass sie dabei allerdings nicht sehr erfolgreich sind. Denn »weithin werden die jungen Menschen in ihrer Existenz nicht ernst genommen, man behandelt sie, als hätten sie nicht auch echte Ziele in derselben Welt wie wir... Sie sind alt genug, um zu verlangen, dass man sie ernst nimmt.«[6] Diesen Menschen möchte ich ein wenig zum Ausdruck und ihnen, aber auch anderen, zum Verständnis dieser Situation verhelfen.

Zwischen Schule und Realität klafft ein Abgrund, Schule und Gesellschaft ergänzen einander nur insofern, als noch das Minimum an erwirkter Bildung dazu dient, überkommene Strukturen so zu fixieren, dass sie von ihren Opfern[7] möglichst widerstandslos hingenommen werden.

Hoffnungsfroh werden junge Menschen Lehrer, einige werden dabei zu Partisanen. Ich will deutlich machen, wie die immer wohlwollende Pädagogik darauf zielt, die Kinder mit List und Tücke oder auch mit manifester Gewalt zu funktionalisieren, ohne dass noch Konsens darüber besteht, warum

---

[6] Paul Goodman: Aufwachsen im Widerspruch. Über die Entfremdung der Jugend in der verwalteten Welt, Darmstadt 1971, S. 85f.

[7] Man spricht in diesem Zusammenhang oft von *Erziehungsobjekten.*

das denn nötig sei. Es muss einmal gesagt werden, dass es Lehrern fast unmöglich ist, mit Kindern zurechtzukommen, die sich benehmen, als seien sie selbstbestimmt. Wir verlangen von ihnen, eine Menge absurde Dinge zu tun, die wir selbst nie täten, es sei denn, man zahlte dafür.

Nirgendwo auf der Welt selektiert die Schule so schamlos wie in der Bundesrepublik Deutschland. Das dreigliedrige Schulsystem hat überlebt. Sowohl in der Haupt- als auch in der Realschule werden Schüler produziert, die der Arbeitsmarkt nicht aufnimmt.

Das wirkt als sozialer Sprengstoff. Deshalb kommt der Ruf nach Arbeitslagern, nach Wertevermittlung, nach Konsequenz, deshalb wird als blauäugig bezeichnet, wer die Schule als Bildungsinstanz etablieren will.

Die Schule vermittelt Ideologie, ohne dass sie es weiß. Als Institution verfällt sie einer Art Anosognosie, das heißt, sie weiß nicht, was sie anrichtet und verweigert sich der Analyse: Nur wer sich unablässig anstrengt – so lautet ihr Dogma –, bekommt von den Verheißungen des Landes etwas mit. Wer arbeiten will, der findet Arbeit. Wem das versagt bleibt, der ist selber schuld.

Diese Haltung ist Ergebnis schulischer Indoktrination. So wird nach wie vor behauptet, Zensuren gäben wieder, was einer geleistet habe oder leisten könne. Nehmen wir hier die Gauß'sche Normalverteilung zu Hilfe: Der Mittelwert der Kurve ist ein Verliererwert, denn nur am oberen Rand zu sein, lohnt sich. Kurven aber zeigen naturgemäß über die Mitte nach unten, dort ist auch am meisten Platz und eben hier finden wir die, die dort hingehören.

Einige Kinder kennen den Stoff der ersten Schuljahre bereits, wenn sie in die Schule kommen. Zwar wendet man sich denen zu, die ihn noch erwerben müssen, aber irgendwie gelingt es nie, eine Balance zwischen beiden Gruppen herzustellen. Im Gegenteil wird der Rückstand der Rückständigen größer und größer, zumal sich die kleinen Vorteilsnehmer einen Extraprofit an Fähigkeiten verschaffen können, indem ihnen ihre Eltern zusätzliche Bildungs- und Erfahrungsräume öffnen. Den Verlierern verweigert die Schule schließlich den Unterricht komplett.

Die Schule behauptet, Lesen sei der Schlüssel zum schulischen Erfolg, ist aber unfähig, einem immer größer werdenden Teil der Schüler auch nur das Lesen von Schulbüchern beizubringen.[8] Viele zweisprachige Migrantenkinder beherrschen weder Deutsch noch z.B. Türkisch in hinreichender schriftsprachlicher Korrektheit. Lehrmaterialien fehlen, die Lehrerfortbildung hat das Problem wie andere auch seit Jahren weitgehend ausgeblendet. So benutzen viele Berliner Jugendliche ausschließlich ein von ihnen prestigebesetztes »Kiezdeutsch«. Sie verfügen nicht über hochsprachliche Ausdrucksmöglichkeiten. Ihr Deutsch ist beherrscht von Varianten des türkischen und berlinischen Lautsystems, abweichender Wortstellung und dem Weglassen der Artikel.

Diese Schülergruppe produziert endlosen Nachschub schulischer Versager. Weil diese Gruppen weiterhin beieinander bleiben, ist es vollkommen hoffnungslos anzunehmen, sie würden in der Schule jemals lernen. Sie sind gestempelt und so verhalten sie sich.

---

[8] Erhellend ist, dass legasthenische Menschen, also eben jene 7-8% Analphabeten, die in der Schule nicht Lesen lernten, nun in Volkshochschulkursen von Lehrern unterrichtet werden, die per Lehrauftrag versuchen herzustellen, was ihnen in der Regelschule nicht gelang. In der Bundesrepublik Deutschland leben etwa vier Millionen funktionelle Analphabeten. Die Bundesbildungsministerin Schavan will die Zahl mittelfristig auf etwa zwei Millionen senken (laut *Tagesspiegel* vom 9.9.2006).

Die Geschichten aus der Rütli-Schule wiederholen sich in den Schulen dieser Republik.

Wie alles anfing

»Ich bin Oehmke«

Nach meinem Studium an der Pädagogischen Hochschule in Berlin begannen die Studenten *Revolution* auf ihre Tagesordnung zu setzen. Sich als marxistisch bezeichnende Gruppen gründeten Parteien. Für sie begann die kommunistische Gesellschaft bereits Gestalt anzunehmen. An diesem und jenem war ich beteiligt. Ich dachte noch nicht daran, mich um den Schuldienst zu bemühen.

Wir orientierten uns seit 1967 im Bezirk Neukölln basispolitisch. Im *Sozialistischen Club* in der Niemetzstraße suchten wir nach klassenbewussten Arbeitern. Tatsächlich spürten wir einige auf: Den revolutionären Briefträger Paule, der warf die Post weg, wenn er keine Lust mehr zum Verteilen hatte. Wir entdeckten Leo, einen Feinmechaniker mit seinem Bruder, sie waren bei den Falken aktiv, beide mussten wir vom Verrat der Sozialdemokratie überzeugen, ehe sie sich uns zuwenden mochten.

Zu uns kam auch Oehmke, nun zwar nicht direkt der Arbeiterklasse zugehörig – die brauchte aber schließlich Verbündete aus dem Kleinbürgertum –, der beim Bezirksamt in der Schulverwaltung angestellt war. Dann kamen noch Studenten, Lehrer und auch Angestellte des Bezirksamtes als Sympathisanten in den *Sozialistischen Club Neukölln*. Wir bekämpften den Springer-Verlag, besuchten Gerichte, auch die aufkommende Schülerbewegung unterstützten wir. Irgendeine Aktion endete für mich mit Strafverfolgung, Aktenzeichen, Terminen..., so genau weiß ich das alles nicht mehr.

Als biografische Entscheidungen auf mich zukamen – ich wollte nun doch nicht ewig als Berufsrevolutionärin weitermachen –, musste ich mich für die zweite Phase der Lehrerausbildung bewerben. Ich befürchtete, dass meiner erfolgreichen Bewerbung ein Aktenzeichen entgegenstand. Aber da war ja noch Oehmke: Das Aktenzeichen verlor seine Bedrohlichkeit, das Verfahren zog sich hin und wurde eingestellt, und ich schließlich auch – dank Oehmke.

The times they are a-changin': Der sozialistische Club löste sich auf – von der Arbeiterklasse völlig unbemerkt. Ich wurde Junglehrerin, strotzte vor Engagement, lernte Jugendliche kennen in der Schule und außerhalb. Kollegen begegneten mir merkwürdig und bemerkenswert zugleich. Eine Mathematiklehrerin rief den Kindern mit kehliger Stimme zu, wenn die Disziplin nicht stimmte: »Was sollen die tierischen Laute? Ich bin doch nicht im Zoo.« An einer Schule klappte der Unterricht, wenn der *Klassenvater* – so dachte er von sich – dabei saß. Wenn es nicht so lief, wie er wollte, stand er schon mal auf und trat mit dem Fuß. Die Schüler liebten ihn aber. Er hatte Humor, das mochten sie.

Ich wurde Hauptschullehrerin, lernte, arbeitete, verzweifelte. Irgendwann wurde es problematisch. Es wurden den Hauptschulen Schüler zugewiesen, die anderswo an Realschulen die Probezeit nicht bestanden hatten, und solche, die man von Schulen verwiesen hatte. Ein buntes Gemisch von Ausgestoßenen, angesichts ihrer Pleiten kriminell orientiert und aggressiv, weil abgelehnt. Man kann ihre Fähigkeiten finden, die eigentümlichen Formen ihres sozialen Verhaltens entdecken. Sie fordern Autorität von Erwachsenen ein. Wenn sie deren Begründung sehen, gehen diese Jugendlichen für ihre Lehrer durchs Feuer.

Ich sah nach hunderten Gesprächen im Laufe der Jahre, dass und wie sich die Gesichtszüge der jungen Menschen entspannten, wenn sie ernst genommen wurden.

So vergingen Dezennien und ich wurde pensioniert. Ich trinke ein Bier in einem Lokal und komme mit einem Unbekannten ins Gespräch, der auch eben mit seinem Arbeitsleben abgeschlossen hat. Wie geht's jetzt, wie hat es angefangen? Mir hat einer geholfen, der hieß Oehmke, ich werde ihm immer dankbar bleiben: So leicht spricht es sich nur mit Fremden. »Ich bin Oehmke«, sagte der Unbekannte. Es wurde eine lange Nacht.

Drei kleine Stadtindianer in der U-Bahn gefasst

Frau Haase, die Klassenleiterin, war schwanger. Ich musste sie in ihrer vierten Klasse vertreten. Die Arbeit an der Sonderschule erwies sich als beängstigend und kaum zu bewältigen. Die Kinder waren zwischen zehn und elf Jahren alt. Wohl war die Sonderschule für Lernbehinderte gedacht, tatsächlich hatte ich es hauptsächlich mit verhaltensauffälligen Schülern zu tun.

Eine viel geübte Praxis: Wer aus welchen Gründen auch immer den Rahmen des Üblichen sprengte, geriet in eine Sonderschule für Lernbehinderte. Sie funktionierte als Drohung: Wer sich störend bemerkbar macht, wird an die Sonderschule geschickt. Welcher Schüler mochte mit einem solchen Stigma im Kiez unterwegs sein? Gleichwohl, 24 schwierige Kinder befanden sich in der Klasse. Was immer ich versuchte, die Kinder mochten es nicht.

»Frau Haase hat das anders gemacht«, riefen sie ebenso vielstimmig wie dissonant. Naturwissenschaftliche Versuche hingegen interessierten sie auch dann, wenn sie anspruchsvoll waren. Der Schulleiter – er war auch noch Ausbilder in der zweiten Phase der Lehrerausbildung – warnte prompt. Es gelte, die Kinder nicht zu überfordern. Diese Warnung ertönt häufig und entschieden immer dann, wenn das autochthone Personal spürt, dass neues Unterrichten nicht die Schüler, sondern sie und ihren Arbeitsstil in Frage stellen könnte.

Eines Morgens näherte ich mich der Klasse und hörte schon von weitem ein Gegröle, welches man sich angewöhnt hatte, als Lautäußerungen der Indianer zu bezeichnen. Paul und Werner liefen eine Boulevardzeitung schwenkend durch den Klassenraum, als seien sie aufgezogen: »Wir sind jetzt berühmt«, riefen sie immer wieder. Als ich versprach, mit ihnen über ihre Berühmtheit zu sprechen, setzten sich alle, wiewohl nicht vollkommen überzeugt von meinem Vorschlag. »Drei kleine Stadtindianer in der U- Bahn gefasst«, hieß die Schlagzeile der *Berliner Zeitung (BZ)*.

Was war passiert? Ich las vor. Paul und Werner hatten mit einem dritten Jungen auf einem Neuköllner U-Bahnhof einen Tennisball bewegt. Den ließen sie absichtlich in den U-Bahn-Schacht rollen. Sie machten sich auf, ihrem Ball zu folgen. Unbemerkt konnten sie sich im Tunnel in der Finsternis fortbewegen. Da bemerkten sie einen abgestellten U-Bahn-Zug. Sie enterten ihn, turnten in ihm herum. Irgendwie, irgendwann setzte er sich in Bewegung. Die Jugendlichen wurden erwischt, als sie eben versuchten, den U-Bahn-Schacht wieder zu verlassen.

Nun voll im pädagogischen Element, begann ich mit den Schülern zu diskutieren. Warum es in U-Bahn-Schächten gemeinhin gefährlich sei, dass es dort Starkstromkabel gebe, bei deren Berührung man einen tödlichen Stromschlag bekomme, wie unmöglich es sei, wenn alle den Schacht beträten, und andere kluge und richtige Dinge mehr. Die Jungen verstanden nichts. Sie protestierten lautstark: »Wir waren da, und da war nischt jefährlich. Nächstes Mal kapern wir ‘ne S-Bahn. Da könnse ja mitkommen, dann werden Sie sehen, wie einfach det is.« Dabei begannen sie wieder durch die Klasse zu laufen, schmissen Tische und Stühle um. Ich brüllte, die Schüler brüllten – Chaos!

Den Tränen nahe rannte ich zum Schulleiter. Der lachte schallend, als ich berichtete, und kommentierte schmucklos auf Berliner Art: »Det müssen se nun mal selber rejeln.«

Lehrer Schwängel und der Rohrstock

Nomen est omen: Als ich niedergeschlagen und ratlos die Schulgänge entlang schlich und mich der Klasse näherte, lauschte ich erst einmal. Ruhe! Waren die Kinder vielleicht alle weggelaufen? Lehrer Schwängel stand mit einem kurzen, kräftigen Knüppel bewaffnet in der Klassentür. Sein Kopf war hochrot, entweder vom lauten Brüllen oder vom gestrigen Alkoholgenuss oder von beidem. Er hatte eine gedrungene Figur, der Kopf auf dem stiernackigen Hals zeigte Angriffslust.

Triumphierend schlug er mit dem Knüppel leicht in seine linke Handfläche, den Kindern signalisierend, was er damit tun könnte. Mir signalisierte er: So wird’s gemacht, nicht diese antiautoritäre Tour, die die Linken jetzt wohl auch noch in die Schulen tragen wollen.

Die Kinder sagten keinen Mucks. Als Lehrer Schwängel sich wieder in seine Klasse begeben hatte, und wir unsere Tür schlossen, brach es aus den Kindern heraus, welche schlimmen Erfahrungen sie mit »Prügel-Schwängel« gemacht hatten. Sie wollten sich nicht beschweren, denn die Prügel kannten sie von zu Hause.

Wir jungen Lehrerinnen der Schule waren alle zwischen 22 und 30 Jahren alt, die Lehrer um Schwängel etwa um die

50. Das Kollegium traf sich zu einer Weihnachtsfeier in der Schule. Lehrer Schwängel war sehr schnell angeheitert und bald volltrunken. Er versuchte, anzüglich zu werden und bekam eins auf die Finger. Schulleiter Wirsing beobachtete die Szene schmunzelnd, tolerierte aber alles.

Niemals konnte ihm verborgen geblieben sein, dass Schwängel prügelte. Vielleicht hätte das Einschreiten Konfliktarbeit für ihn bedeutet, zu anstrengend. Ich zog vor, die Schule zu wechseln.

Die rote Fahne ist aus Arbeiterblut

An der Sonderschule musst du alles können und alles unterrichten. Musikunterricht habe ich nicht erteilt. Weil ich an der Pädagogischen Hochschule einmal angefangen hatte, Sport zu studieren, war es mir recht, das Fach in der Sonderschule zu vertreten.

Der Sportunterricht war beliebt: Einige Kinder versteckten sich regelmäßig in der Sporthalle. Ich fand sie in Kästen verborgen, hinter Schränken oder Säulen listig wartend, ob ich sie wohl suchen und finden würde. Am Ende einer Sportstunde musste ich achtgeben, die Kinder nicht in der Halle einzuschließen, was diesen in ihrer Identifikation als Stadtindianer durchaus gepasst hätte. Ich zählte sie durch und verglich mein Ergebnis mit der Klassenliste – Zählappell.

Viele Sonderschüler waren von blauen Flecken übersät. Ihre Körper zierten Striemen. Sie waren nicht bei Sport und Spiel entstanden, sondern entstammten den Erziehungsbemühungen wohlmeinender, werteorientierter Eltern oder Familienmitglieder.

Darüber mochten die Kinder nie sprechen. Sie logen, dass sich die Balken bogen, erzählten von Überfällen Fremder und versicherten, ihre Eltern hätten das längst der Polizei angezeigt.

In diskreten Gesprächen mit Schülergruppen fand ich allmählich ihr Vertrauen. Ich erfuhr etwas über ihre Freizeit. Zwei Mädchen waren bei den jungen Pionieren der SEW.[1] Deren Schulung war offensichtlich und erfolgreich. Sie verstanden sich als bewusste Arbeiterkinder. Voller Stolz fragten sie mich, warum die Arbeiterfahne rot sei. Ich hatte keine historische Herleitung zur Hand und so erklärten sie mir mit großem Ernst: »Die is in Arbeeterblut jefallen und seitdem isse rot!«

Die Eltern aber wehrten sich nicht gegen die katastrophale Schule, die ihre Kinder besuchen mussten. Die Schule übersah die den Kindern zugefügte elterliche Gewalt. Jede Seite hatte mit ihren eigenen Problemen zu tun.

Ich verließ die Sonderschule und ging an die Hauptschule – die Rütli-Schule, im Reuterkiez, im Arbeiterbezirk Berlin-Neukölln.

---

[1] Sozialistische Einheitspartei Westberlin – so hieß der Ableger der Staatspartei der DDR bis 1989.

Drei Glieder[1] – eine Amputation

Eine Treppe nur für Lehrer

1970 kam ich an die Rütli-Schule. Naiv von mir war es zu glauben, Schulen unterschieden sich grundsätzlich. Allerdings waren hier die Klassen mit über 30 Jungen und Mädchen überbesetzt. Ich wurde Klassenlehrerin einer siebten Klasse. Jetzt rief keiner mehr: »Bei Frau Haase war alles anders«. Die Jugendlichen waren alle neu an der Schule. Sie hatten die Grundschulen der Umgebung besucht und eine so genannte Empfehlung für die Hauptschule bekommen.

Bis auf Paul. Der hatte den »Aufstieg« von der Sonder- zur Hauptschule geschafft. Er benahm sich vorbildlich. Er wollte das Erreichte erhalten.

Auf alten Fotos sehe ich fröhliche Gesichter. Zu einigen Ehemaligen habe ich heute noch Kontakt. Ich erinnere mich, dass der eine Maler, der andere Fleischer, ein dritter KFZ-Mechaniker wurde. Der dort wurde Gas-Wasser-Installateur, jene Friseuse. Diese wurde Verkäuferin, eine ging ins Büro, eine andere wurde Krankenschwester. Petra wurde Busfahrerin,

---

[1] Das Schulsystem in Deutschland ist dreigliedrig, daran kann und will keine PISA-Studie etwas ändern, keine vorbildhaften Beispiele aus der Erziehungsgeschichte und keine *good practice* europäischer Länder werden diesen optimalen Selektionsmechanismen etwas anhaben können. Eine Geschichte der Rütli-Schule, die zeigt, dass es, zumindest zeitweise, auch anders ging, befindet sich im letzten Kapitel.

damals etwas ganz außergewöhnliches, weil es ein Männerberuf war.[2]

Hardi wurde Zimmermann. Im Betriebspraktikum war er mit einer Gruppe von Jungen in der überbetrieblichen Ausbildung des Bauhandwerkes. Hier lernten Zimmerleute, Maurer, Straßenbauer und viele andere, was man in einem Kleinbetrieb nicht lernen konnte. Sehr erregte sich der Lehrherr dort über die mangelnden Rechenkenntnisse der Schüler. Bei späteren Besuchen in der Schule machte er mir immer Vorwürfe: »Warum sacht einem denn keener inne Schule, dass de Geometrie fürn Dachbau brauchen tust. Als Stift ha ick dit doch ooch jelernt.« Hardi ging später zur Feuerwehr und fühlt sich heute nützlich in der Gesellschaft. Er hat Glück gehabt. Während seiner Schulzeit kam er nur ausnahmsweise zum Unterricht. Jemand rief: »Der hat nur wieder verschlafen. Darf ich ihn abholen?« Er wurde abgeholt, kam dann mit oder nicht, auf jeden Fall kam er später.

Im Frühjahr 1974 hatten wir mit der achten Klasse die Möglichkeit, an der Jugendsendung »Teamwörk« mitzuwirken. Uns beschäftigte das Thema »Was ist Erziehung?« Die Jugendlichen interviewten Eltern, Lehrer, Trainer, Heimzöglinge, Polizisten und Mitarbeiter des Jugendamtes. Bei einem kurzen Aufenthalt im Landschulheim werteten wir die Interviews aus. Die jungen Menschen machten die Nächte durch, amüsierten sich wie Bolle. Keinen Schlaf für das Personal, nie im Leben war ich wieder so ermattet wie nach diesen Tagen im Landschulheim.

---

[2] In der DDR gab es diesen Beruf für Frauen schon lange. Es bedurfte in der Bundesrepublik u.a. auch der Diskussion im Arbeitslehreunterricht, um Mädchen in Männerberufen als normal anzusehen.

Hardi übernahm in der Produktion eine tragende Rolle, weil er spontan und witzig war. Er spielte den damaligen Schulleiter, brachte die Schulsituation mit einem Satz auf den Punkt: »*Name, Datum [gemeint ist das Geburtsdatum], setzen, 6. Hölle, Mac Poseidon.*« Damit drückte er aus: Der Schüler hat nichts zu sagen, er wird mit Zensuren sediert, das Ganze ist schrecklich, eben Hölle. Der Meeresgott Poseidon war für ihn wohl der Teufel.

Als mich der »Teamwörk«-Mitarbeiter fragte, was Schule bezwecke, erschraken die Kollegen. Ich sagte, die Aufgabe der Schule sei, das Leben vom Lernen, die Schafe von den Böcken zu trennen und bei diesem unsinnigen Tun auch noch allgemein anerkannt zu sein. Das sehe ich immer noch genau so. Damals sprachen wir lange darüber.

Frank rauchte während meines Unterrichts, hielt die Zigarette unter seinem Tisch versteckt. Ich stieß seinen Tisch um. Frank erschrak, wiederholte den Versuch nie. Er war älter als die anderen, Schule ödete ihn an, nach der achten Klasse verließ er uns. Er hatte eine Lehrstelle als Maler bekommen. Heute würde er als benachteiligt und nicht ausbildungsreif eingeordnet und müsste sich in eine endlose Warteschleife begeben: Berufsvorbereitung, begleitende Hilfen, Praktika, neue Versuche an einem Oberstufenzentrum... der Arbeitsmarkt braucht ihn nicht. Er würde Kunde beim Arbeitsamt.

Angebote für Benachteiligte, dann die Arbeitslosigkeit, dann der Job bei der *Security* für die Jungen, danach die Dauerarbeitslosigkeit, *Verhartzung* griffe um sich. Die Mädchen heiraten, bekommen Kinder, Armut wie Arbeitslosigkeit scheinen vererbbar.

Bis 1974 gab es keine Migrantenkinder an der Schule. Die Jugendlichen hatten auf dem Arbeitsmarkt, vor allem im Handwerk, eine Chance. Diese allerdings verschwanden mehr und mehr.

Die Studentenbewegung von 1968 hatte auch in der Hauptschule ihre Folgen. Damit standen Regeln – heute werden in diesem Zusammenhang »Werte« beschworen – mehr und mehr in Frage. »Komm sauber und ordentlich gekleidet in den Unterricht! Geht immer zu zweit die Treppen hinunter! Fenster nur nach Rücksprache mit den Lehrern öffnen! Wer die Toilette aufsuchen muss, fragt um Erlaubnis! Mach deine Hausaufgaben ordentlich! Die vordere Treppe ist nur für Lehrer da!« so hieß es in der Hausordnung. Eine so genannte OdE enthielt Sanktionskataloge.[3] Man hatte es immer mit entmündigenden, imperativistischen Diktionen zu tun. Das fiel lange, sehr lange nicht auf.

Der autoritäre Führungsstil vor allem der Schulleiter und älterer Kollegen wirkte bald komisch. Man widersprach, zuckte mit den Schultern, wenn Strafen angedroht wurden. Wer gezüchtigt wurde, sagte schon mal: »Eh, noch eenmal, dann sach ick et meene Atze, dann kannste mal sehen!« Für viele Kollegen wurde es richtig ungemütlich. Unsere Klasse entwarf eine neue Hausordnung, diskutierte sie in der Schülermitverwaltung. Sie wurde akzeptiert. Inzwischen waren neue und jüngere Kollegen an die Schule gekommen, der Wind drehte sich und wurde frischer.

Vor kurzem hat jemand mich gefragt: »Ist die vordere Treppe nicht für Lehrer da?«

---

[3] Es handelt sich um die Ordnungs- und Erziehungsmaßnahmen, die z.B. das Erteilen eines Tadels regeln.

Leerer werden

Wir waren zehn junge Lehrer und hatten uns verabredet, gemeinsam zu arbeiten. Mit neuen Ideen und guten Mutes traten wir schließlich die Arbeit in der Hauptschule an. Die älteren Kollegen empfingen uns zurückhaltend, bemüht, unseren Elan zu dämpfen.

»Die Schüler werden immer dümmer. Wenn ich denke, was ich noch vor zehn Jahren mit denen machen konnte. Kein Vergleich.« »Vergessen Sie, was sie gelernt haben, hier geht es praktisch zu.« »Wenn sie denen den Finger reichen, dann packen sie die ganze Hand, um sie Ihnen auszureißen.« »Ich habe auch mal idealistisch angefangen, es lohnt doch alles nicht.« Derartige Sprüche hört man auch heute. Nun allerdings von denen, die sie damals beklagten. Es gibt durchaus Kontinuität.

Mangelnde Disziplin war *das* Thema. Schüler schmissen mit Gegenständen. Kurt wurde immer wieder in den Papierkorb gesetzt. Die gesamte Klasse trommelte wie verrückt auf den Tischen. LehrerInnen wurden mit *Arschloch* oder *Fotze* beschimpft. Schüler prügelten sich, es war ihnen unmöglich, in einem normalen Tonfall zu sprechen. Einige nahmen Kopfschmerztabletten, weil der eigene Lärm sie krank machte. Meldete der Lehrer Übergriffe oder Beschimpfungen, wurde der Schüler bestraft und musste im Wiederholungsfall die Anstalt verlassen. Schwieg der Lehrer, nahm sein Leid kein Ende. Heute kommentieren das die jungen Leute so: »Er ist Opfer, schwöre, er ist Opfer. Selber schuld.«

Wem der Ton der Arbeiterkinder zu rau war, versuchte die Schule zu wechseln – in der oft unbegründeten Hoffnung, die Bedingungen an der Rütli-Schule seien die Ausnahme. Andere kündigten. Jene, die mit der Schulverwaltung kooperierten, wurden umgesetzt.

Disziplinlosigkeiten gibt es an allen Schulzweigen: Zwang ruft Widerstand hervor, das ist das dialektische Prinzip im Zusammenhang von Bildung und Herrschaft. Aufsässigkeiten allerdings bleiben im Rahmen und kontrollierbar, wenn etwa das Gymnasium Gratifikationen in Form des Abiturs mit seinen vielfältigen Zugangsmöglichkeiten zu vergeben hat. Immer, wenn Zwang mit Verheißungen verbunden ist, bleibt Widerstand subtil, aber erträglich für die Pädagogen.

In den Hauptschulen richtet sich jede Frechheit, jede Störung unmittelbar gegen den Lehrer. Wenn dann noch Eltern meinen, ihren Zöglingen geschehe immer Unrecht und das gleichsam querulatorisch nachweisen wollen, dann ist der Pädagoge harten Proben ausgesetzt. Doch wir waren alle gewerkschaftlich organisiert und bereit, unsere ganze Kraft in die Arbeit an der Schule zu investieren. Im Sommer organisierten wir Schulfeste, richteten Sportfeste aus, im Winter gestalteten wir den Weihnachtsbasar. Schon Anfang der 1970er Jahre richteten wir mit den Schülern Betriebspraktika ein – zu einer Zeit, als diese noch nicht Pflicht waren.

Wir freuten uns, wenn wir die Ämter in der Schule besetzen konnten, weil wir so besser in der Lage waren, liberale Konzepte und realitätsnahen Unterricht durchzusetzen. Ich erinnere mich gut, wie wir »Vom Waisenhaus ins Zuchthaus« von Wolfgang Werner mit den Schülern lasen und diskutierten (siehe dazu ausführlicher »Mario findet eine Mutter« im Kapitel »Knallhart: Ohne Alternativen?«). Ein anderer packender Unterrichtsstoff wurde der Bericht einer jungen Mutter, die, nachdem sie bereits drei Kinder zur Welt gebracht hatte, ihre darauf folgenden drei Neugeborenen umbrachte. Sie schilderte eindringlich ihre ausweglose Situation. Damals fand man solche Materialien in der Zeitschrift »Konkret«, in der Peggy Parnass über soziale Randgruppen berichtete. Der Unterricht lebte auf, Störungen traten in den Hintergrund.

Beliebt und aufmerksam angenommen wurde das Thema Umweltschutz. Weil die jungen Menschen hier unmittelbar interessiert waren, konnten wir auch andere gesellschaftlich relevante Probleme in den Unterricht einbeziehen: Jugendgruppierungen, Bürgerinitiativen, Gewaltfragen, Fragen des öffentlichen Nahverkehrs, Bevölkerungsentwicklung, Globalisierung, Rolle der Multis und vieles mehr.

Es wurde jedoch immer deutlicher, dass Hauptschülern als Benachteiligten der Ausbildungsmarkt verschlossen blieb und dass sich der Arbeitsmarkt für sie allenfalls im Niedriglohnbereich öffnen würde. Damit schwand auch der Elan vieler Lehrer. Sie wurden leerer.

Mitte der 1970er Jahre eröffneten drei Gesamtschulen im Bezirk Neukölln. Zwei[4] hatten schon vorher bestanden, sie hatten gleichsam exemplarischen Charakter: Die Kinder von Klasse eins bis zehn wurden gemeinsam unterrichtet, um ihnen dann die Chance einzuräumen, die angegliederte Oberstufe zu absolvieren.

Mit anderen wollte ich an ein Mittelstufenzentrum wechseln. Die Schulen waren großartig ausgestattet, sie kosteten pro Schule 50 Millionen DM (20 Jahre später wurden sie wegen Asbestverseuchung abgerissen und durch provisorische Bauten ersetzt.) Man lehnte es ab, mich umzusetzen. Es wurde nicht offen gesagt, jedoch gab die Schulverwaltung zu verstehen, sie befürchte, die Junglehrer wollten den revolutionären Schulkampf in eben jene neuen Schulen tragen. Es tat uns dann nicht weh, abgelehnt worden zu sein. Nach unserer Einschätzung waren die Tage der Hauptschule gezählt – welche Eltern würden denn diesen Schulzweig freiwillig noch für ihre Kinder wählen?

---

[4] Die Fritz-Karsen- und die Walter-Gropius-Schule.

Die Gesamtschulen hatten großen Anklang bei der Bevölkerung, noch heute werden viele Bewerbungen an die Hauptschule weitergereicht. Das vor allem sichert nun ihre Existenz. Institutionen bleiben, ihre Fassaden bleiben! Was dahinter geschieht, was sich dort veränderte, das ließ die Öffentlichkeit und die Schulverwaltung gleichgültig.

Seit Mitte der 1970er Jahre füllen Migrantenkinder die Hauptschulen. Alle aus dem Ausland kommenden Kinder landeten dort. Nach dem Grund für diese Praxis ist nie öffentlich gefragt worden. Die Anwerbungen der Arbeiter in Südeuropa und vor allem in der Türkei führten so genannte bildungsferne Schichten ins Land, deren Begabungsreservoir damals und heute niemanden interessierte und interessiert.

Die Lehrerschaft war auf eigene mehr oder weniger originelle Ideen angewiesen, um die jungen Menschen zu integrieren und zu bilden. Wenn in einer Klasse *nur* bis zu 30% Kinder aus Migrantenfamilien saßen, dann konnten noch die deutschen Jugendlichen integrativ mitwirken. Heute sind sie in der Minderheit, fürchten sich und bleiben sprachlos (siehe den Kasten »Morgens im Abendland«).

Eine flächendeckende, interkulturell orientierte Lehrerfortbildung fehlte. Entsetzt bemerkten ahnungslose Pädagogen: »Jetzt wollen die Araber das Fastenbrechen auch noch als Feiertag haben. Es reicht doch, wenn die Türken das feiern.« Ignoranz als Prinzip, eine schlechte Voraussetzung, um so gravierende Probleme anzugehen.

Nach dem großen Schulfest 1997 gab es keines mehr. Die Sportfeste verdienten ihren Namen nicht. Vor allem die Mädchen entzogen sich dem Sportunterricht. Religiöse Fundamentalisten beeinflussten mehr und mehr die jungen Muslime. Diese spürten deutlich, dass sie in Deutschland niemand schätzte. »Du bist Gast hier, benimm dich also gefälligst wie ein Gast« – so etwa der ehemalige Rektor der Realschule, die

Morgens im Abendland

Wie arrangiert man sich mit Klassenkameraden, die Muslime sind, wenn man selber keiner ist? Es gibt verschiedene Möglichkeiten

Von Antje Lang-Lendorff

Sagt ein Mädchen zu seiner Freundin: »Isch fahr mit Bus, und du?« Die antwortet: »Isch will noch an Hermannplatz.« Berlin-Neukölln im Frühling, Schulschluss, Bezirk mit hohem Ausländeranteil, solche Sätze hört man hier oft. Nur: Die beiden Mädchen heißen Daniela und Sandra, haben deutsche Eltern und besuchen eine Schule, auf der in deutscher Sprache gelehrt wird.

Die beiden schlendern die Straße hinunter Richtung Haltestelle. Sie tragen eng anliegende Jeans und weiße Turnschuhe. Sie unterhalten sich laut. »Weißt du was, ey, isch muss dir was erzählen.« Es klingt aggressiv, wie sie mit »ey« von einem Satz zum nächsten springen.

Sandra und Daniela besuchen die Rütli-Schule in Neukölln. Der Anteil der Jugendlichen aus Einwandererfamilien liegt an der Hauptschule bei 80 Prozent, das ist ein normaler Schnitt in dieser Gegend. Die beiden Mädchen haben den Slang der Mehrheit, der türkisch- und arabischstämmigen Neuköllner, übernommen. Sie sprechen ein »sch« anstelle eines »ch« und lassen bei Substantiven öfter den Artikel weg. Ein paar ihrer Mitschüler haben sich noch etwas anderes angeeignet.

Mehrheit, Minderheit, in einigen Teilen Neuköllns ist die Lage spiegelverkehrt zu der im restlichen Berlin. Hier ist die muslimische Minderheit die tonangebende Mehrheit. Ein Rütli-Schüler, seine Eltern kommen aus dem Libanon, formuliert das so: »Woanders muss man als Ausländer höflich sein zu den Deutschen. In Neukölln nicht. Hier sind die Straßen und Läden eh alle in arabischer und türkischer Hand.«

In der Pause. Die Jugendlichen strömen aus der Schule, einem dreistöckigen Altbau. Sandra, Daniela und ihre Freunde fallen zwischen ihren Mitschülern auf: Danielas Haare sind hellbraun, die von Sandra wasserstoffblond. Sie stellen sich dahin, wo sie meistens stehen, etwas abseits, an den Zaun. »O Mann, ey, isch hab meine Periode immer noch nisch«, sagt eines der Mädchen. Sandra wendet sich genervt von ihr ab. »Die hat schon'n Test gemacht und glaubt trotzdem, dass sie schwanger ist.« Ein deutscher Kumpel kommt dazu. »Wieso, bei dir und dem Typ, da lief doch gar nix«, sagt er zu dem Mädchen. Die Antwort: »Das denkst du.« So reden sie, wenn sie unter sich sind. In der Klasse halten sie sich zurück.

Eine Stunde in der zehnten Klasse. Die Direktorin Brigitte Pick nimmt den Mord, den so genannten Ehrenmord, an einem Neuköllner Mädchen zum Anlass, um mit den Schülern über Gleichberechtigung zu sprechen. Brigitte Pick ist 58 Jahre alt, seit 26 Jahren unterrichtet sie hier, aus Überzeugung, wie sie sagt. Die grauen Haare trägt sie kurz.

Sie fragt einen libanesischen Jungen, was er tun würde, wenn seine Schwester kein Kopftuch tragen wollte. »Isch würd ihr schon beibringen, es zu tragen«, sagt er. »Wir Männer in der Familie haben schließlich für die Frauen zu entscheiden.« Eine deutsche Schülerin meldet sich. »Warum dürfen Männer bei euch mit jemandem schlafen, Frauen aber nicht?«, fragt sie ihre Klassenkameraden. »Isch darf auch keinen Sex haben vor der Ehe«, antwortet ein muslimischer Junge. »Ja, aber wenn ein Junge Faxen macht, kommt er wieder hoch. Wenn ein Mädchen so tief gesunken ist, kommt es nicht mehr hoch«, sagt eine irakische Schülerin. Direktorin Pick schreibt noch das Wort Toleranz an die Tafel. Dann klingelt es.

Wie geht man als vom Westen geprägtes Mädchen oder auch als Junge mit den vielen muslimischen Klassenkameraden und ihren Regeln und Vorstellungen um? Es gibt verschiedene Möglichkeiten, das zu tun.

Zum Beispiel die der wasserstoffblonden Sandra. Sandra weicht ihren Mitschülern aus, so gut es geht. An der Diskussion mit der Schulleiterin hat sie sich nicht beteiligt. »Die haben schon oft gesagt, dass isch meine Fresse halten soll, isch bin ja sowieso 'ne dreckische Deutsche«, sagt sie. Dreckig, das sind Mädchen, die unverheiratet sind, aber nicht mehr Jungfrau. Sandra ist 19. Mit 17 wurde sie schwanger. Es ließ sich nicht verbergen. Alle in der Klasse sahen es. Sie bekam das Kind, es war tot. Und sie bekam viel zu hören. Ein Mitschüler erzählt: »Erst waren alle ganz nett, aber dann haben sie gestänkert. Zum Glück ist dein Kind tot, du Schlampe.« Sandra hört zu, nickt, beißt sich auf die Lippe und sagt: »Sollen se sagen, Schlampe, is mir egal.«

Sandra hat ein weiches Gesicht, und sie ist groß und schwer. Sie ist angreifbar, schon wegen ihrer Figur. Sandra kann sehr vergnügt sein, dann lacht sie hell und quatscht, was ihr gerade in den Kopf kommt. Wenn es ihr nicht gut geht, und das passiert öfter, schaut sie besorgt in die Welt, ein bisschen hilflos. Weil sie sich in der Schule nicht wohl fühlt, lässt sie sich häufig krankschreiben. Zweimal ist sie sitzen geblieben, auch wegen der Schwänzerei. »Sandra ist mindestens einen Tag in der Woche nicht da. Es gibt keinen Körperteil, an dem sie noch nichts hatte«, sagt ihr Klassenlehrer.

Sandras Freundin Daniela nimmt sie in der Schule in Schutz. In der Pause stellt sie sich zu ihr. Daniela ist 16. Sie ist ein fröhliches Mädchen, meistens gut gelaunt und hilfsbereit. Aber sie kann auch austeilen. »Moppel«, ruft sie auf dem Flur einem dicklichen Klassenkameraden hinterher. »Du bist auch fett, ey, popp disch schlank«, ruft der zurück. »Popp disch selbst schlank.«

Zu Besuch bei Daniela. Anders als Sandra, die zu Hause ausgezogen ist, hat Daniela die Unterstützung der Eltern. Der Vater ist Kranführer und seit drei Jahren arbeitslos. Die Mutter verdient als Glasbearbeiterin ihr Geld. Ob sie überlegt haben, Daniela auf eine Schule zu schicken, auf der der Anteil von Kindern aus muslimischen Familien kleiner ist? Der Vater schüttelt den Kopf. »Solange sie nicht nur Türkisch lernt, ist das egal.« Die Mutter schaut verständnislos. »Die Ausländer sind doch überall, du hast ja gar keine Schule mehr ohne«, sagt sie. Das Mädchen gar in einem anderen Stadtteil zur Schule gehen lassen? Der Vater wird energisch. »Das Kind soll bequem zur Schule kommen. Woanders hinschicken? Nee, die hat doch so schon genug zu buckeln.«

Selbst wenn man sich wie Daniela wehren kann, ist der Alltag an der Rütli-Schule ein bisschen anders als an anderen Schulen. Die Sprachprobleme der Jugendlichen drücken auf das Unterrichtsniveau. Beim Pisa-Test erfüllten fast drei Viertel der Rütli-Schüler nicht den Mindeststandard. Oder der Sportunterricht: Viele Mädchen weigern sich, das Kopftuch abzulegen und Sportkleidung anzuziehen. Man muss sie in der Halle einschließen, denn wenn ein Junge seinen Kopf zur Tür hereinsteckt, ist das Geschrei sonst groß.

Es gibt noch einen anderen Weg, an der Rütli-Schule zurechtzukommen als den der austeilenden Daniela oder den von Sandra, die sich abschottet. Man kommt auch zurecht, indem man nicht nur die Sprache der Klassenkameraden übernimmt, sondern auch deren Meinung.

Auf dem Spielplatz gegenüber der Schule, nach dem Unterricht. Ein paar arabisch- und türkischstämmige Jungen stellen sich im Halbkreis auf, breitbeinig, die Hände in den Hosentaschen. Einer von ihnen ist kein Einwandererkind. Man sieht es erst auf den zweiten Blick, er ist dunkelhaarig und trägt wie seine Freunde eine dicke Halskette. »Er ist korrekt, er gehört zu uns«, sagt einer der Jungen. Was sie von den Mädchen an der Schule halten? »Die meisten hier sind dreckisch«, sagt derselbe Junge. Der Deutsche nickt zustimmend. Ob er eine Schwester hat? Er nickt wieder. Was würde er tun, wenn sie mit einem Jungen schlafen würde? Sein Blick wandert unruhig hin und her. »Dann würd isch sie schlagen und den Typen umbringen«, sagt er.

Meint er das ernst? Oder muss er im Kreis seiner Kumpels beweisen, dass er es wert ist dazuzugehören? Er ist weder dumm noch chaotisch. Seine Noten sind in Ordnung, und er kommt regelmäßig zur Schule. Vielleicht gerade deshalb, weil er anders als die meisten Deutschen bei seinen Klassenkameraden einen guten Stand hat.

Später, in einem Einzelgespräch. Ob er tatsächlich seine Schwester schlagen würde? »Isch hab keine Lust mehr, darüber zu reden.« Er antwortet auf keine Frage, sagt hilflos immer nur diesen einen Satz.

Für ein Mädchen kann die Anpassung an muslimische Ehrvorstellungen noch andere Folgen haben. Ein Lehrer einer benachbarten Gesamtschule berichtet von einer deutschen Schülerin, die mit einem muslimischen Jungen befreundet war. Als Gerüchte aufgekommen seien, sie habe Sex mit ihm gehabt, habe sie sich vom Arzt ihre Jungfräulichkeit nachweisen lassen. Zum Schrecken der eigenen Mutter, wie der Lehrer berichtet.

An so einen Fall erinnert sich die Direktorin der Rütli-Schule nicht. »Aber gegeben hat es das hier bestimmt schon«, sagt sie. Von ihrem Zimmer im Erdgeschoss kann Brigitte Pick die Straße, den Spielplatz und die Jungs darauf beobachten. Durch das Fenster sorgt sie für Ordnung vor dem Gebäude, ein Megafon liegt griffbereit auf der Fensterbank.

(aus: Der Tagesspiegel vom 20.6.2005)

im selben Gebäudekomplex wie die Rütlischule untergebracht ist. Verständnislose Blicke folgten ihm und ein noch leises Protestgemurmel. Klar, dass die Jugendlichen ihn ablehnten. Heute würde es heißen: »Ey, Alter, was redest Du für ein Scheiß. Üsch mach düsch Urban.«[5]

Die Weihnachtsbasare schliefen ein. Die wenigen verbliebenen deutschen Kinder konnten ihre Interessen an weihnachtlicher Gemütlichkeit nicht mehr durchsetzen. Fast alle Lehrer hatten ihre Bemühungen eingestellt, die jungen Muslime mit hiesigen Sitten und Gebräuchen vertraut zu machen. Wenn man anfangs die muslimischen Kinder fragte, was für sie Weihnachten sei, so konnte man feststellen, dass sich viele Familien der Sitte anschlossen, einen Weihnachtsbaum in die gute Stube zu stellen. Im Jahr 2004 erntete ich auf diese Frage nur noch empörte Blicke: »Wir sind doch Muslime.«

[5] Das »Urban«-Krankenhaus ist das nächstgelegene Krankenhaus im Nachbarbezirk Kreuzberg.

Klassenfahrten konnten nicht mehr stattfinden. Nach dem so genannten Kamelurteil wurde es vielen muslimischen Mädchen unmöglich gemacht, sich weiter, als ein Kamel am Tag läuft, von der elterlichen Wohnung zu entfernen – das sind ca. 70 Kilometer, wie das Gericht sich sachkundig machte. Andere Instanzen bestätigten die Auffassung der klagenden Muslime und zementieren so diese reaktionäre Errungenschaft. Im Alltag dürfen viele muslimische Mädchen die elterliche Wohnung ohne Begleitung sowieso nicht verlassen, es sei denn, sie müssen zur Schule. Sie trugen plötzlich Kopftuch. Die rigiden archaischen Lebensregeln speziell für Mädchen breiteten sich von 1980 an aus. Das war die Zeit der Machtübernahme Khomeinis im Iran.

Manchmal fuhren wir noch zu einwöchigen Aufenthalten ins *Wannseeheim für Jugendarbeit*. Dort konnten Jugendliche Seminare besuchen, die von Sozialarbeitern ausgerichtet und von Künstlern begleitet wurden. Die Lehrer blieben im Hintergrund. Meist kam es dann, wie es kommen musste: Den Jugendlichen schien die plötzliche Freiheit lediglich Anlass zu sein auszuflippen. Die Einrichtung wollte die Schüler nun nicht mehr aufnehmen.

»Ich bezeichne dich nicht mehr als asoziales Arschloch, wenn du dich nicht mehr benimmst wie ein asoziales Arschloch.« Diesen Satz benutzte ein Kollege 1994 in einer zugespitzten Situation. Er traf auf Zustimmung bei vielen, die unbedingt die Rütli-Schule hinter sich lassen wollten. Der Kollege war überzeugt, er müsse schwierige Schüler blamieren, wenn er sie auf ihr sicher problematisches Sozialverhalten hinwies. Dieser Bankrotterklärung mochte ich niemals folgen. Deshalb schlossen die Kollegen messerscharf: Die Mühe, die ich mir mit schwierigen Schülern mache, würde von diesen als anbiedernde Zuwendung verstanden. Sie würden sich und ihr Verhalten als anerkannt empfinden und entsprechend noch asozialer werden. Der Kampf gegen die Lehrerschaft würde noch vehementer. Ein Kollege schrieb: »Dein Glaube, dass Hauptschullehrer auch Sozialarbeiter zu sein haben, wird von mir nur teilweise geteilt. Ein Fach unterrichten und gleichzeitig sich vorwiegend mit verhaltensauffälligen Schülern auseinandersetzen zu wollen, hat etwas von Überheblichkeit an sich und muss scheitern. Auffällige und problematische Schüler müssen zum Schutz der übrigen den Institutionen zugeführt werden, die dafür geeignet sind, solche Störungen zu behandeln.«

Diese Diskussion wird nun landesweit geführt. Wer ist für diese Kinder und Jugendlichen zuständig? Inzwischen werden Schulanfänger, die sich in das Schulleben nicht einfinden und die früher als *nicht schulreif* eingetütet wurden, der Psychiatrie zugewiesen. Das ist doch mal ein hoffnungsvoller Ansatz!

Ausgrenzen, stigmatisieren, diffamieren, *die anderen sind schuld, das habe ich nicht zu verantworten, das müssen »die da oben machen.«* So reden und so handeln sie – hilflos, heillos, ratlos!

Leere Lehrer.

»... und das ist die Lächerlichkeit der didaktischen Situation. Da denkt, schreibt, experimentiert, agitiert sie redlich und fleißig – und sieht nicht, dass ihr Tun unnütz ist, weil es am falschen Ort geschieht.«[6]

Je mehr Schüler mit Migrationshintergrund die Schule bevölkern, umso unzufriedener wird die Mehrheit der Lehrer. Das Lehrpersonal ist aufgebracht. Es weigert sich, Jugendliche zu unterrichten, die nicht deutscher Herkunft sind. Freiwillig kommt niemand an die Hauptschule. Es gab vereinzelte Interessenten, jedoch entsprachen sie nicht den Leistungskriterien der ahnungslosen Schulverwaltung. Wer zudem noch Biologie und Erdkunde studiert hatte, geriet in eine geradezu hoffnungslose Lage. Motivation für die Arbeit in und mit prekären pädagogischen Bedingungen als Einstellungsgrund? Fehlanzeige!

Die einstellende Behörde schätzt Berufene, die schon in früher Kindheit Lehrer werden wollten. Papa und Mama haben das von Herzen unterstützt: »Du wirst jungen Menschen etwas beibringen, das ist doch eine schöne Aufgabe, das liegt dir doch... und die freien Nachmittage, da kannst du dir deine Arbeit selbst einteilen.« Das kann man heute als Wahnvorstellung bezeichnen, als Lehrerromantik geistert sie immer noch durch die Berufsmotivation junger Menschen. Allerdings kann man mit derartigen Flausen im Kopf durchaus erfolgreich ein Lehrerstudium erledigen. Die Schulwirklichkeit ist dort selten Thema. Dass diese Eleven im beruflichen Alltag hoffnungsvoll erwartet werden, lässt sich bestreiten.

---

[6] Siegfried Bernfeld: Sisyphos oder die Grenzen der Erziehung, Frankfurt a.M. 1973, S. 28 (Erstausgabe Leipzig u.a. 1925).

Ein Lehrer äußert sich anlässlich des Rütli Desasters

»Jeden Morgen, auf dem Weg zur Arbeit, träumt Karl-Heinz Fischer von schlechten Nachrichten, er sehnt und fleht sie herbei.

Nachrichten sollen das sein, die diesem verdammten Leben mit diesen verdammten Schülern dieser verdammten Schule ein Ende machen. Irgendwelche grausamen Nachrichten, fatale Nachrichten, zum Beispiel Nachrichten von einer Explosion. Karl-Heinz Fischer träumt, wenn er in seinem Wagen sitzt und zur Arbeit fährt, dass er eines wunderbaren Tages in eben diesem Wagen sitzt, das Autoradio einschaltet und die Meldung hört, ›der Kasten‹ sei ›endlich abgebrannt‹. Einfach weg, in Rauch aufgegangen, wie ein böser Lebensabschnitt, den man hinter sich lässt, um noch mal von vorn anzufangen.

Karl-Heinz Fischer würde wenden, heimfahren, glücklich werden.

Nicht blass, nicht krank, nicht gescheitert. Sondern mit Spaß und Elan und Kraft.

Nicht mehr vor einer Klasse stehen, um es zu überleben. Sondern um neugierigen Kindern etwas beizubringen.

Karl-Heinz Fischer stellt sich dann vor, dass er nie mehr zurückkommen müsste an diesen Ort, der seinem Gesicht die Farbe genommen hat und seinen Augen die Lebendigkeit. Er sitzt da, ein grauer Mann an einem grauen Tag, und spreizt Daumen und Zeigefinger der rechten Hand, er spreizt sie so weit er kann, um die Stärke dieser ›Lederhaut‹ zu beschreiben, die er sich zugelegt hat, zulegen musste, damit er nicht durchdreht in diesem Job.

Karl-Heinz Fischer ist Lehrer. In Berlin. Und der ›Kasten‹, den er brennen sehen möchte, liegt im so genannten Reuterkiez, einem Teil des Bezirks Neukölln, nicht weit vom Hermannplatz.

Der Kasten ist die Rütli-Hauptschule.«

aus: »Der Spiegel« vom 3.4.2006

Die sich äußern, sprechen im Stil der *BILD* selbst in der Sprache der Pisa-Idioten. Diese schafft ihnen bezeichnenden Ausdruck, zu helfen vermag sie ihnen nicht. Geht es den Schülern nicht genauso? Sie müssen die Schule überleben. Sie müssen Demütigungen ertragen. Sie müssen aushalten, dass der Lehrer sie mit Sechsen *zuscheißt*, ohne sie unterrichten zu können. Deren Festeinstellung geht zumeist mit festen Einstellungen einher. Diese richten sich nicht auf das Wohl der Kinder. Die von den Lehrern beklagten ungeheuren Übergriffe sind oft Reaktionen auf Missachtungen und Beleidigungen. Aktionen aus nichtigem Anlass gibt es nicht, nur ist der Anlass von den Lehrern längst ignoriert, vergessen oder verdrängt worden.

Die Pädagogen sehen sich mit einer Klientel konfrontiert, über die sie nichts wissen. Sie haben den Beruf frei gewählt. Nun werden sie dafür bezahlt, im selbstgewählten Steinbruch zu arbeiten. Ihre Lage scheint nicht nur hoffnungslos, sie ist hoffnungslos! Von Brecht[7] inspiriert hört man sie klagen, gebt mir die Kinder, die mich und meine Arbeit lieben, dann wird es keine Probleme geben.

Die Lebenswelt der Mädchen und Jungen aber ist so beladen mit Konflikten, derartig verstellt durch Alltagsschwierigkeiten, dass der Kopf für andere Dinge selten frei ist. Was ein Lehrer sich vorstellt, spielt in ihrem Leben gar keine Rolle. Hingegen berichten Lehrer beglückt, wie sie mit den Jugendlichen über Alltagserfahrungen sprechen, und es gibt Si-

---

[7] Brecht lässt eine Regierung an dem Votum des Volkes verzweifeln und schlägt, da offensichtlich das Volk das Vertrauen der Regierung verscherzt habe, vor: »Wäre es da nicht einfacher, die Regierung löste das Volk auf und wählte ein anderes?« (Aus dem Gedicht »Die Lösung« aus den »Buckower Elegien«, Gedichte und Lieder, Frankfurt a.M. 1956; Anlass war der Aufstand am 17. Juni 1953 in der DDR.)

tuationen, in denen sich die Bedingungen der Jugendlichen mit dem Unterrichtsstoff treffen, dann sind sie bereit, sich auseinanderzusetzen. Das aber sind Ausnahmesituationen! Die Interessen und die Lebenswelt der Jugendlichen sind nicht Gegenstand des Lehrplans. Schule soll und muss als Zwangsveranstaltung vor sich gehen. Das aber funktioniert zunehmend schlechter.

Bei Hausbesuchen kann man sehen, wie die meisten Familien leben müssen. Arabische Familien haben oft zehn Kinder und mehr. Wie wird dort der morgendliche Ablauf geregelt, wo es nur ein Bad gibt? Ich habe kinderreiche Familien besucht, deren Betten aus Matratzen bestanden, die über Tag an der Wand lehnten. Wer fragt nach, wo die Kinder Hausarbeiten machen sollen?

Anschauung klärt, warum die Jungen ständig auf der Straße herumlungern. Einer beschrieb mir, wie er glaubte, wahnsinnig zu werden. Er sitzt in seinem beengten Zuhause, der Fernseher brüllt, die jungen Geschwister toben umher, die Mutter besorgt den Haushalt, er findet keinen Platz für sich. Er *muss* raus!

Große Gruppen von Jugendlichen bevölkern an beliebten Treffpunkten die Bürgersteige, rauchen, palavern lautstark, vollziehen ihre Begrüßungsrituale, wenn jemand hinzukommt. Küsschen links, Küsschen rechts, Handschlag. *Tschacker!, Alter!*

Jeder erwachsene Passant oder auch Jugendlicher, der nicht der Gruppe angehört, wechselt die Straßenseite. So geriet auch ich in eine Gruppe Jugendlicher am Reuterplatz. Viele waren mir bekannt, viele nicht. Ich wollte einen Jugendlichen seinen Eltern übergeben, den ich wegen grober Regelverletzungen vom Unterricht hatte ausschließen müssen. Das machte ich in derartigen Fällen immer. Ich lernte so das Elternhaus kennen und konnte erklären, was vorgefallen war. Es war fast immer jemand in der Wohnung, der bei Verständigungsschwierigkeiten als Übersetzer helfen konnte. Der Jugendliche lief dann auch nicht aus Angst von zu Hause weg, außerdem kam es nicht zu Prügeleien, solange ich im Haus war. Wir verbrachten eine Weile im Imbiss und auf der Straße, weil die Eltern nicht zu Hause waren. Das sprach sich in Windeseile herum. Jugendliche zogen sich um uns zusammen, ich war auf einmal mittendrin. Jedoch hatte ich keine Angst. »Von euch Ölköppen[8] lass ich mich nicht erschrecken!« Sie lachen, ich kenne sie, wie sie mich kennen, einem anderen hätten sie den Ausdruck übel vergolten.

Die Migranten und ihre Kinder sind uns fremd geblieben. Da wir uns nicht nähergekommen sind, sind sie in eine eigene Welt abgetaucht. Daran wird sich zunächst selbst dann nichts ändern, wenn der unwahrscheinliche Fall einträte und unsere Schulorganisation sich änderte. Es wird weiter gesiebt werden: die Schafe von den Böcken trennen. Dieses archaisch rustikale Prinzip bestimmt Schule und Bildung in einer angeblich lernenden Gesellschaft. Die am breiter werdenden gesellschaftlichen Rand siedeln, werden die Schafe sein. So ist es, so soll es bleiben. Rabatz aber soll dieser Zustand nicht hervorrufen. Den aber haben die Rütli-Schüler angezettelt und das nimmt man übel.

Wir wissen alle seit langem, dass die Erklärung der Welt nicht mit ihrer Änderung zusammenfällt.

---

[8] Der Ausdruck bezieht sich auf die Angewohnheit der Jugendlichen, die Frisur mit viel Fett in die gewünschte Form zu bringen.

»Hoyfick« schlecht – Kompetenz und Professionalität

Wenn Schüler an die Hauptschule kommen, dann beherrschen viele von ihnen die Grundrechenarten nicht, sie können außer ein paar *Urlauten* kein Englisch, und in Deutsch kann man gewisse elementare Ausdrucksfähigkeiten wohl wahrnehmen, Sprachkompetenz hingegen nicht.

Dass viele Ausfälle – sie werden oft als Lernbehinderung bezeichnet – durch Lese-Rechtschreibschwäche oder Rechenschwäche entstehen, bleibt zumeist unbemerkt. Analphabeten, nicht nur die funktionalen, rauschen mit befriedigenden Noten durch das Schulsystem wie unbekannte Flugobjekte durch den Weltraum.

Mir fiel einst ein Junge aus einer siebten Klasse auf, der beim Schreiben die Buchstaben eigenartig verdrehte. Als ich ihn bat, das Geschriebene vorzulesen, scheute er. Meine Fragen bedachte er mit dem Nicken seines Kopfes: Nein, er könne nicht lesen, nein, Schreiben habe er auch nicht gelernt. Aus den Unterlagen ging hervor, dass er als Flüchtlingskind aus dem Kosovo erst mit neun Jahren in die dritte Klasse einer deutschen Schule gekommen war. Die Lehrer hatten schon häufiger über eben diesen *renitenten* Fatih gesprochen, der sich immer wieder weigere vorzulesen. Tatsächlich aber wollte Fatih lesen und schreiben lernen. Er übte die Buchstaben des Alphabets zu Hause. Er malte sie ab, ohne zu verstehen, er kannte ihre Gestalt, jedoch blieb ihm der Klang der Wörter verborgen. An unserer Schule erkannten wir Fatihs Dilemma, beseitigen konnten wir es nicht. Er passte als Sonderfall einfach nicht in unsere Förderstruktur. Wir schickten ihn also auf die Sonderschule.

Hauptschüler sind benachteiligt, wenn in der Grundschule freies Schreiben geübt wird. Mit dieser Methode treten Kreativität und Phantasie an die Stelle von Drill und Repetition.

Kinder aus Familien, in denen gelesen wird, holen die nach dem Hörverständnis geschriebene »Lautschrift« wieder ein. Die Familien der Hauptschüler lesen wenig, sie sind *hoyfick* benachteiligt und vermögen sich nicht über das Hörverständnis zum Leseverstehen hin zu entwickeln. Sie haben keine Bücher zu Hause, und Klassenbibliotheken sind an Hauptschulen nicht selbstverständlich.

Der schulische Alltag gerät auch deshalb in Schwierigkeiten, weil es nicht nur im Bereich des Unterrichts gravierende Unzulänglichkeiten gibt, sondern auch weil im erzieherischen und sozialpädagogischen Bereich Handwerkelei vor Kompetenz steht.

Als es noch Unterricht an Samstagen gab, kam es ab und an vor, dass junge Erwachsene mächtig alkoholisiert nach durchzechter Nacht unbedingt die Schule besuchen wollten. Eines Samstags versuchte ein junger Kollege, das zu verhindern. Er stellte sich ihnen mutig in den Weg. Mit der Faust verschafften sich die Männer Zutritt, schlugen dem Lehrer die Brille von der Nase. Sie baumelte von einem Ohr ihm schief ins Gesicht. Die Schüler bogen sich vor Lachen. Ein älterer Kollege eilte herbei, zückte seine Börse und gab den Trunkenbolden zehn Mark. »Gönnt euch noch einen Schluck, Jungs, und dann in die Buntkarierten.« Grölend zogen diese ab.

Wo auch immer Konflikte auftraten, trafen sie die Kollegen meist ebenso hart und unerwartet wie schlecht ausgerüstet. Hilflosigkeit aber trägt häufig zur Eskalation der Probleme bei. Der Sportunterricht für Mädchen war ein ständiges Ärgernis und trieb Lehrerinnen in die Verzweiflung. Viele Mädchen verweigerten den Unterricht und wurden dabei von ihren Eltern unterstützt. Sport sei unwichtig, wenn man unbedingt wolle, könne man ja fernsehen. Hingegen erhielten wir niemals Anträge von Mädchen, sie aus religiösen Gründen vom Sportunterricht zu befreien. Einige wenige Mädchen mochten den Unterricht, gleichwohl kamen auch sie selten auf ihre Kosten.

Die Mitschülerinnen trödelten beim Umziehen, ohne Ende redend. Die Lehrerin mahnte ungeduldig, wütend. Nachdem sie einige Zeit abgewartet hatte, wandte sie sich an ein zufällig nahe stehendes arabisches Mädchen: »Du läufst wie eine Hure« – hilflos, ohne Maß reagierte die Lehrerin. Nun waren alle empört. Ein endloses Geschrei machte den Unterricht unmöglich. Tatsächlich hatte die Lehrerin diesen Satz gesagt. Sie wusste nicht weiter, sie wollte beleidigen, ihr waren die Kinder wie Monster erschienen. Der Satz kam wie von selbst – unreflektiert, spontan, bar jeder Sensibilität. »Ich kann nicht bleiben«, sagte sie, »ich mag sie nicht, sie hassen mich, dass ich krank werde.« Sie wurde umgesetzt, andere blieben.

Es war nach dem Schulschluss am Freitag auf dem Gelände des Jugendfreizeitheims, das der Schule gegenüber liegt. Die Gruppe wurde größer und größer. Die ins Wochenende hastenden Lehrer bemerkten nicht, dass während eines sich steigernden Streits unter den Schülern ein Junge bis auf die Haut ausgezogen wurde. Der Junge rief um Hilfe. Selbst bereits auf dem Weg nach Hause, ging ich zwischen die Streitenden, um zu schlichten. Sie waren nicht zu Verhandlungen bereit, pampig entgegneten sie mir, ich sei von der Hauptschule und damit gar nicht für sie zuständig. Der Streit tobte weiter. Mir gelang es, den malträtierten Jungen an die Hand zu nehmen, ein paar seiner Sachen zu greifen und in die Schule zu flüchten.

Weil ich wusste, welche Klassen die Prügler besuchten, wollte ich am folgenden Montag mit Kollegen den Vorfall erörtern. Insbesondere ging es mir darum, für die Zukunft ein gemeinsames Vorgehen zu vereinbaren, auch bat ich, die Brutalität zu analysieren, mit der man den Jungen gedemütigt hatte. Ein schwelender Konflikt biete Gelegenheit, Auseinandersetzungen immer wieder zu beginnen, Schlägereien auf erweiterter Stufenleiter bis zu noch bittererem Ende fortzuführen. Es müsse doch gemeinsam gelingen, präventiv zu agieren.

Es ergab sich keine produktive Reaktion. »Das geht Sie nichts an. Kümmern sie sich nicht um alles.« »*Nur ganz langsam begriffen wir, dass von nun an die friedlichen, die normalen Zeiten und nicht die Tage der Plünderungen und Kämpfe die Ausnahmen sein würden«.*[9] Begreifen ist anstrengend, und niemand ist so blind wie die, die nichts sehen wollen. Wer leben will, sollte vergessen können!

Inzwischen bringen Jugendliche derartige Vorfälle in die Zeitungen. Das führt dann zu erheblichen Aufgeregtheiten, man sucht und findet Schuldige, Berichte folgen einander – oft ungelesen. Man nimmt Stellung, das heißt, viele geben ihren Senf dazu, nichts Genaues weiß man nicht und will es auch gar nicht wissen. Manchmal wird jemand angezeigt, weil sich ein Zeuge findet. So geht es fort.

Während Bildungspolitiker die Wissensgesellschaft entdeckt haben, ist *Überleben* das Thema vor Ort: Sie haben die Schule so bestimmt, dass sie auf das Leben und die Arbeit vorbereiten soll, und sie zugleich so eingerichtet, dass sie von diesem wie von jenem getrennt blieb. Es muss sich verhängnisvoll auswirken, wenn nun Arbeit selbst aus diesem ohnehin abstrakten Zusammenhang verschwindet. Schule bereitet auf die Arbeitsgesellschaft vor, der die Arbeit ausgeht. In der Konkurrenz um die wenigen Arbeits- und Ausbildungsplätze unterliegen die Hauptschüler, auf derartige Kämpfe sind sie nicht vorbereitet.

---

[9] Doris Lessing: Memoiren einer Überlebenden, Frankfurt a.M. 1979, S. 14.

Den Schülern ist gar nicht mehr vermittelbar, weshalb sie erzwungenermaßen Lebenszeit auf ein hoffnungsloses Unterfangen verwenden sollen. Noch im letzten Jahrhundert dachten Pädagogen – sicher nicht originell –, ihre lernunwilligen Schüler mit dem erschreckenden Menetekel »Du wirst noch als Straßenkehrer enden« zum Lernen motivieren zu können. Heute wäre Schule möglich, könnte man jugendlichen Hauptschülern begründen, ihr Lernen liefe wirklich auf Ausbildung und Arbeit hinaus.

Lehrer verfügen meist nicht über außerschulische Berufserfahrungen. Sie kennen die sich andauernd verändernde Arbeits- und Lebenswelt aus Büchern und anderen Medien. Die Lebenswelt ihrer Schüler nehmen sie vermittelt wahr. Sie haben dauernd mit deren privater Sphäre zu tun, dürfen sie jedoch nicht in Frage stellen.

Verkeilt zwischen eigenen Ansprüchen, beruflichem Ethos, den Zumutungen der Schulverwaltungen, der ihren Schülern hermetisch verriegelten Arbeitswelt und deren befremdlichen Ausdrucksformen fühlen sie sich in schweren Legitimationskrisen allein gelassen.

Reformen werden verordnet in dem aberwitzigen Versuch, die Fassaden des Systems für den Sinn des obsoleten Unternehmens auszugeben. Das Schulpersonal muss damit leben – frustriert und weitgehend ausgeliefert.

Lehrer brauchten Kraft und Zeit, um sich neuen Herausforderungen stellen zu können, sich zu bilden und Abstand zu gewinnen. Stattdessen müssen sie ohnmächtig hinnehmen, dass ihre Stundenzahl erhöht wird, ihre Arbeitsleistungen durch Vorgaben der Schulbürokratie ins Unermessliche wachsen sollen, während gleichzeitig ihre Leistungen an häuslicher Arbeit auch steuerlich nicht mehr geltend gemacht werden können. Trotzdem versuchen etliche Kollegen, sich weiterzubilden.

Vom *Methodentraining* nach Heinz Dieter Klippert[10] versprachen viele, sich elementare Lern- und Arbeitstechniken antrainieren zu können. Überdies glaubte man, methodisch Kommunikation, Teamentwicklung und schließlich damit auch Schulentwicklung zu fördern. Klippert erschien Lehrern in Deutschland wie eine Verheißung. Er versprach mit seinem Methodentraining die katastrophale Unterrichtssituation überschaubar und produktiv zu machen, den Kollegen damit Kompetenz zurückzugeben. Nachdem sie dann jahrelang Seminare besucht hatten, stellten die Kollegen fest, dass der Unterricht wie immer verlief: Der Lehrer diktierte, die Schüler schrieben (wenn sie wollten). Tatsächlich hat sich mittlerweile herumgesprochen, dass die Klippertsche These der *generischen* Wissensaneignung nicht nachweisbar ist. Der Transfer von abstrakt Erlerntem auf konkrete Anwendung ist ebenso illusionär wie die alte Weisheit der »Lateiner«, nach der wir nicht für die Schule, sondern fürs Leben lernen.

Es genüge nicht, lediglich Fertigkeiten und Kenntnisse in speziellen Berufsfeldern zu vermitteln, es gehe vielmehr darum, eigenständige Entscheidungs- und Handlungskompetenz auszubilden, Persönlichkeitsbildung im Sinn von Schlüsselqualifikation zu erwirken. Hartmut von Hentig zeichnet die Aufgabe von Pädagogen, indem er fordert, diese müssten den jungen Menschen helfen, »die Spannung zwischen tradierten Idealen und aktuellem Kompetenzbedarf« auszuhalten.[11] Wer aber hilft den Pädagogen?

---

[10] Heinz Dieter Klippert (* 1948), Pädagoge, bekannt geworden durch Veröffentlichungen zu Methodik und Schulentwicklung.

[11] Hartmut v. Hentig: Bildung, München 1996, S. 58.

Nun gäbe es genügend Vorbilder und Beispiele aus Geschichte und Gegenwart, die belegen, dass Schule unter veränderten Rahmenbedingungen erfolgreich die Ziele erreicht, die sie vorgibt. Das *Kinderheim Baumgarten,* nach dem Ersten Weltkrieg für jüdische Kriegswaisen in Wien gegründet, die *Street Schools* in den USA, die *Laborschule* in Bielefeld, die *Helene-Lange Schule* in Hessen, verschiedene *Freie Schulen* zeigen, was heute und hierzulande verweigert wird, und was nachdrücklich gefordert werden müsste. Aber Modelle, vorbildhafte Verfahren und Beispiele wirken nicht. Die Politik nutzt sie als Verweis für Innovationsbereitschaft und Modernität.[12] Zur Regel aber werden sie nicht.

Geht es also um Reform? Wer will sie? Tatsächlich scheint es nicht zu stören, dass ein aufwändiges System allgemeiner Bildung zunehmend Analphabeten und sekundäre Analphabeten produziert – am Organisationsprinzip der Schulen ändert sich nichts.[13] Wenn Benachteiligung augenfällig wird, dann wird mit großem terminologischen Aufwand behauptet, man

---

[12] Hier sind nur einige angesprochen. Die meisten sind nicht einmal dazu in der Lage, sie verlangen und beschwören Werte – wie Bernhard Bueb, der ehemalige Leiter des Eliteinternats in Salem, in seinem Buch »Lob der Disziplin«, Berlin 2006. Er lässt sich den »klaren Blick« nicht dadurch trüben, dass er verursachende Faktoren und Entwicklungen in seine Überlegungen einbezieht.

[13] Nach PISA äußern sich viele scheinbar besorgt. Sie wollen und können nicht einsehen, dass unser augenblickliches Erziehungssystem sehr wohl genügt. Es macht zwar einen etwas *depperten* Eindruck, wenn man in einer Rangliste sehr weit unten steht. Wenn aber eine derartige Liste gebraucht wird, um einzusehen, dass ein System schlecht ist, wie beschränkt ist man als Bildungspolitiker dann selbst, wenn man so tut, als träfe die Pleite überraschend ein? Hier ist das Bild vom Fisch angebracht, der vom Kopf her zu stinken anfängt: Die für das Desaster verantwortlich sind, machen nun Vorschläge, es zu beheben. Es wäre doch einfacher, man wechselte Politiker und Schulverwaltung aus.

könne Benachteiligung auffangen. Tatsächlich aber wird diese fixiert.[14]

Es werden immer anspruchsvollere Herausforderungen benannt, die durch Globalisierung und die ihr angeblich folgende Wissensgesellschaft entstünden, gleichwohl sinkt das allgemeine Bildungsniveau dramatisch. Wenn Politiker behaupten, Deutschlands Reichtum liege in der Bildung, dann bricht angesichts der Bildungswirklichkeit kein Gelächter aus, sondern das immer gleiche folgenlose zustimmende Nicken ist zu beobachten. Kulturtechniken werden nur von wenigen erworben. Schlüsselqualifikationen entstehen im Schulsystem nicht.

»Das sind alles Sonderschüler, mit denen kann man nichts erreichen.« So werden Hauptschüler angesehen. Und so mogelt man sich darüber hinweg, ein an sich obsoletes System ändern zu müssen. Ignoranz, Gewalt, Indifferenz, Coolness, Vermeidung, gelebter Absentismus – das sind die gleichsam negativen, aber wie beiläufig hergestellten oder verfestigten (a)sozialen Kompetenzen.

Lehrer sind in diesem Zusammenhang bezahlte, immer wieder beschimpfte Opfer. Schüler überleben das Zwangssystem, ohne so etwas wie Kulturfähigkeit zu erlangen. Es sollten die Reformstrategen[15] einmal mit Lehrern aus Berufs-

---

[14] Ich beziehe mich hier auf ein Fachkonzept für die Berufsvorbereitung der Bundesanstalt für Arbeit vom Januar 2004. Dort verspricht man, persönliche Kompetenzen, soziale Kompetenzen, methodische Kompetenzen, lebenspraktische Fertigkeiten, interkulturelle Kompetenzen, IT- und Medienkompetenz innerhalb von zehn Monaten zu erwirken und gleichzeitig schulisch bedingte Defizite abzubauen. So werde Ausbildungsfähigkeit hergestellt. Wer das nicht schafft, der landet dann zu Recht im Niedriglohnbereich oder wird Tagelöhner.

[15] Vielleicht sind sie auch nur Machiavellisten: Es nützt, wenn viele verblöden und wenige Experten für die weitere Funktionsfähigkeit der Gesellschaft sorgen.

schulen, aus Gesamt- und Hauptschulen sprechen, sie im Alltag begleiten, um einen Eindruck davon zu erhalten, wie nichts, was sie unterstellen, in den Schulen erreicht werden kann. Das wird so lange andauern, wie die Organisation der Schule so bleibt, wie sie ist!

Im Auge des Zyklons

D.S. absolvierte als Lehrerstudent der Freien Universität Berlin 1985 ein Orientierungspraktikum an der Rütli-Schule. Seine Eindrücke vermochte er zunächst nicht in distanzierter didaktischer Analyse darzulegen. Sie sprachen so unmittelbar gegen die ihm in der Ausbildung vermittelte Erkenntnis, dass mit Einsicht, Kompetenz und Geduld die zweifelsfrei vorhandene Diskrepanz zwischen erziehungswissenschaftlicher Theorie und praktischem Handeln zu überbrücken sei. Er schreibt, dass das vorgefundene Bild von Schule während der ersten Praktikumstage gar nichts mit seinen Schulerfahrungen aus vergangenen Tagen zu tun gehabt habe und fragt sich, ob das vielleicht im Perspektivwechsel begründet sei. Nach dem Besuch einiger Klassen stellte er fest, dass die Wirklichkeit bestimmte schrille Fiktionen wie z.B. die Schaubühneninszenierung von »Der Klassenfeind« von Nigel Williams längst eingeholt hatte. Das Geschehen der ersten Tage verfolgte er mit offenem Mund und der Frage im Hinterkopf, wie viele dieser Kinder im späteren Berufsleben eine Chance bekommen würden. Er fasst deshalb authentische Äußerungen, die er während seiner Besuche protokollierte, in einer Szene zusammen, die exemplarisch das Geschehen während seines Praktikums widerspiegelt.

»Die Lehrerin Clever: Wir haben heute Besuch. Zwei Studenten werden drinsitzen, um den Unterricht zu verfolgen.

Horst: Is ja punkmäßig.

Kralle: (Schreit) Stu – den – ten... Anton, ick hab Hunger. Haste ma 'nen bisschen Studentenfutter?

Clever: Wir haben uns in den vergangenen Stunden mit dem Zeitalter des Absolutismus beschäftigt. Der absolutistische Staat erreichte seinen Höhepunkt unter Ludwig XIV... Wie hieß der französische Finanzminister?

Gustav: Strauß, det war Franz Josef Strauß! (Über seine Antwort begeistert, holt Gustav eine Sonnenbrille aus der Jackentasche, setzt sie auf.) Ick hab 'ne Ferrari-Brille, 'ne Ferrari-Brille hab ick. (Ahmt einen laut aufheulenden Motor nach.)

Emil: (Schreit durchs Klassenzimmer.) Frau Clever, Frau Clever, ick hab nen langen Schwanz zwischen die Beene!

Clever: Wie schön für dich.

(Gustav schaltet seinen Walkman ein und setzt die Kopfhörer auf. Er schaukelt auf dem Stuhl im Takt der Musik.)

Clever: Schalt dein Ding aus. (Gustav weigert sich. Erregt tritt Frau Clever vor Gustavs Tisch und nimmt ihm den Walkman ab.) Nach Schulschluss kannst du ihn dir aus dem Sekretariat abholen.

Horst: Echt punkmäßig.

Gustav: (Aufbrausend.) Wenn se det... wenn se det kaputt machen, denn schulden se ma 500 Märker.

Clever: Ach, dein Billig-Saba kannste in der Pfeife rauchen.

Gustav: (Nunmehr heftig erregt, mit starrem Blick auf seinen Walkman.) Det is'n Toshiba, jawoll, 'n Toshiba is det, ick hab Ihnen det schon mal jesacht.

Clever: Nehmt eure Bücher heraus und schlagt Seite 69 auf. (Kralle sucht überall sein Buch, läuft durchs Klassenzimmer und schaut unter alle Bänke. Schließlich versucht er, den Schrank zu öffnen. Als er merkt, dass er verschlossen ist, tritt er mehrmals wütend mit dem Fuß dagegen.)

Clever: Sag mal, du hast sie wohl nicht mehr alle. Setz dich auf deinen Platz. Fatima, lies bitte ab dem zweiten Absatz vor.

Fatima: (Liest laut.) Zweiter Türkenkrieg. Großwesir Kara Mustafa stößt 1683 bis nach Wien vor und belagert es. Erst das polnische Entsatzheer unter Johann Sobi Sobiso Sobieski vermag Habsburg von der türkischen Bedrohung befreien.

Horst: Total punkmäßig.

Clever: Stop. Also, wer kam den Österreichern zur Hilfe?

Gustav: (Grölend) Zigeuner... Zigeuner und Amerikaner!

Clever: Du warst jetzt nicht gefragt. Melde dich gefälligst, wenn du etwas sagen willst.

Anton: Soll ich ihm eine runterhaun?

Clever: Ruhe, verdammt noch mal – Was erbeuteten die Türken auf ihrem Feldzug?

Kralle: Nackte Weiber, geile nackte Weiber!

Gustav: Die hatten Katapulte und Ferrari-Brillen. (Schießt mit einer Schleuder eine Krampe auf Jeanette.) Jeanette, geile Ratte!

Jeanette: Au… Du, du homosexueller Zick-Zack-Ficker.

Clever: Aaaaaanton! Teufel noch mal, ich werde deinen Eltern einen Brief schreiben!

Anton: (Empört, springt auf.) Det war ick jar nich. (Zeigt auf Gustav.) Det war der Arsch, der ... Riesenarsch! (Rülpst.)

Kralle: (Stößt seinen Nachbarn an und deutet auf die Studenten.) Kiek dir die an, wie sie grübeln und grübeln, schreiben und schreiben.

Emil und Börek: (Beginnen zu singen.) Alle Mädchen sind bereit. Kennen se det Lied? – Natürlich nich, weil det jibts jar nich. (Brechen in Lachen aus.)

Clever: Mir reichts! Haben sie euch in den Ferien allesamt das Hirn amputiert?

Börek: Ick kenn noch eins: (Singt.) Alle meine Schwänz... äh... Entchen fliegen in die Höh.

Gustav: Mister Güney, Himmel Kruzi Türken.

Clever: (Zu Kralle.) Christian, komm bitte vor und putze die Tafel!

Kralle: (Protestiert.) Hab keen Tafeldienst, bin doch nich der Oberputzer.

Horst: Total punkmäßig.

Clever: Wenn du nicht sofort herkommst, trage ich einen Tadel ins Klassenbuch ein. (Kralle erhebt sich widerwillig von seinem Stuhl und gibt ihm einen leichten Stoß, so dass er umfällt. Während Frau Clever weiter redet, taucht Kralle hinter ihrem Rücken den Schwamm in einen Eimer Wasser. Er fischt den Schwamm aus dem Eimer und rotzt anschließend ins Wasser.)

Emil: Frau Clever; ham se die Arbeiten schon korrigiert? – Wat hab ick denn für ne Nutt... äh... Note? (Gustav ist inzwischen zum Kartenständer vorgelaufen und macht Klimmzüge. Sein Gesicht ist von der Anstrengung verzerrt, bei jedem Zug stößt er martialische Quiek-Laute aus.)

Clever: (Schmeißt das Arbeitsbuch auf das Pult und kreischt.) Ihr seid unmöglich... Keine einzige Minute könnt ihr stillsitzen... Wenn ihr so weiter macht, seh ich schwarz.

Horst: Total punkmäßig.

Börek: Frau Clever, Mammi, ick hab die Hausaufgaben!

Kralle: Ey... Alter, hast dich wohl verknallt.

Gustav: (Zu Kralle.) Wir haun jetzt ab, sonst müssen wa der noch Taschentücher koofen. (Kralle und Gustav verlassen das Klassenzimmer.)

Horst: War heut wieder verschärft punkmäßig.

Es klingelt.

Clever: Wir sehen uns dann morgen und denkt da... (Sie hebt resigniert die Schultern, ihre Worte gehen im Gebrüll des Aufbruchs unter.)«

Flagge zeigen – das Gesicht verlieren

Eine Szene ist mir in Erinnerung geblieben. Bei einer Hospitation saß ich unauffällig und nach einer Zeit auch unbemerkt in der hintersten Reihe des Klassenraums einer neunten Klasse. Der Unterricht ging seinen üblichen Gang. Es war heiß. Dem Matheunterricht folgte niemand. Die Schüler aßen, riefen sich Witze zu, bewegten sich ausnahmsweise sparsam, weil die Luft im Zimmer heiß und drückend war. Der Kollege schrieb Formeln und Rechenbeispiele an die Tafel. Manchmal stellte er, ohne sich umzudrehen, eine Frage, die niemand beantwortete, weil sie niemand verstanden hatte. Der Kollege gab dann selbst die Antwort, die wiederum nicht wahrgenommen wurde.

So verging eine gewisse Zeit. Wohl fühlte der Kollege inzwischen ein Unbehagen, schließlich wähnte er sich beobachtet. Er wollte nunmehr Präsenz zeigen und drehte sich zur Klasse hin um. In der dritten Reihe sah er einen Schüler Zeitung lesen. Das war angesichts des allgemeinen Desinteresses nun nichts besonders Ungewöhnliches, aber irgendwo wollte er mit seiner Intervention beginnen. Er stellte sich neben den lesenden Schüler, der ihn gar nicht bemerkte. »Hör auf zu lesen, pack die Zeitung weg, sofort!« Der Schüler schien nichts zu hören. Nun begann der Kollege an dem Zeitungsblatt zu zerren. Der Schüler sah auf, die Zeitung riss. Nun stand er betont langsam auf – so eindrucksvoll wie in Filmen mit John Wayne. Als der Schüler sich schließlich vollends hochgeschraubt hatte, überragte er den Kollegen um einiges. »Wenn de nich jleich meine BeSett loslässt, dann hau'k dir'n Satz Ohrn wech!« Erschrocken ließ der Pädagoge die Zeitung los. »Gut, gut«, sagte er, »aber tu sie sofort unter den Tisch!« Langsam ließ sich der Schüler auf seinen Sitz zurückgleiten, um seine Zeitungslektüre ungerührt wieder aufzunehmen. Der Kollege fuhr sich durch die Haare und begab sich, Munterkeit vortäuschend, wieder an seine Ausgangsposition an die Tafel, um sein Werk fortzusetzen.

In der Besprechung fragte ich ihn, was er unternehmen wolle. »Ich werde ihm einen Tadel verpassen«, sagte er.

Kommunikation und Kooperation

Der Lehrer ist eigentlich der geborene Einzelkämpfer. Die Klassenzimmertür schließt sich, und er arbeitet sich an sich oder mit den Kindern ab. Disziplinprobleme, Zynismus, Demütigungen von beiden Seiten, wer bekommt das schon mit? Das macht doch jeder für sich aus. Da Teamarbeit ein neues Zauberwort zu sein scheint, beschäftigen sich Lehrer auch zunehmend mit diesen Fragen. Gerne wird der Austausch von Arbeitsbögen als Teamarbeit und gute Kooperation verkauft. Die intensive Auseinandersetzung mit Lerninhalten läuft an wenigen Schulen.

Steuerungsteams und erweiterte Schulleitungen sieht das neue Schulgesetz vor. Das wird in den Schulen auch umgesetzt. Es braucht eigene Initiativen, Denkanstöße und beansprucht viel Zeit, um Neues in Schule umzusetzen. Das kann nicht befohlen werden, und die Arbeit darf nicht bei formalen Aufgaben stecken bleiben.

Unsere Schule hatte sich an der Fortbildung »Pädagogische Schulentwicklung« beteiligt. Methoden- und Kommunikationstrainings wurden in allen Klassen jährlich durchgeführt, führten in jener Zeit zu enger Kooperation zwischen den Lehrern, die das Programm für gut hielten. Die anderen Lehrer waren stille Zuhörer, verteilten mal ein Arbeitsblatt und verdienten auch ihr Geld. Im täglichen Unterricht fanden die neuen Unterrichtsprinzipien nur selten Niederschlag.

In diesen Trainingsspiralen ergab auch das Teamteaching einen Sinn, der mir an vielen anderen Stellen leider verborgen blieb. Zwei mäßige Lehrer geben noch keinen guten Unterricht. In den Naturwissenschaften wurde für einen Doppeleinsatz der Lehrer argumentiert, so sei der Unterrichtsstoff immer auf derselben Höhe und die Vertretung einfacher (sprich: die kann dann auch einer machen).

Die Zerstückelung des Unterrichts nach Fächern ist ein großes Manko in der Schule, ebenso die mangelnde Kooperation im fächerübergreifenden Unterricht; richtig verstandener Projektunterricht, der nicht nur an der Oberfläche kratzt, findet kaum statt. Wird versucht, die Schüler mit zusammenhanglosen Beschäftigungstherapien wie Arbeitsbögen, deren Sinn oft im Verborgenen bleibt, ruhigzustellen, werden die, die sich noch nicht ganz aufgegeben haben, weiter rebellieren, das heißt Disziplinprobleme machen. Auch schul- und bezirksübergreifend liegt einiges im Argen und weist auf mangelndes solidarisches Handeln und arge Kommunikationsschwierigkeiten hin.

Kurz vor den Sommerferien 2005 besuchten während einer »Berlin-Woche« (die Schüler sollten Berlin kennen lernen) zwei Klassen mit drei Lehrern das Stück »Voll auf die Fresse« des »Grips«-Jugendtheaters. Das ging voll in die Hose. Die Wahrnehmung der Lehrer einer Charlottenburger Gesamtschule und die der Lehrer der Rütli-Schule unterschied sich diametral voneinander. Hier die Darstellung der Charlottenburger Lehrer (unkorrigiert!): »Vor Beginn der Vorstellung wurden Jungen der Kl. X massiv durch Nackenschläge geärgert. Um dem entgegenzutreten, setzte sich Herr G. neben zwei uns fremde Schüler. Während der Vorstellung wurden Herr G. und Fr. K. Zeuge, wie diese beiden Schüler ein Mädchen der Kl. X sexuell bedrängten (Griffe in den Schritt, in die Hose, unter den Pullover). Herr G. setzte die ihm unbekannten Schüler um, um weitere Belästigungen zu vermeiden. Hinter Fr. L. amüsierten sich die zuständigen Lehrer über Hr. G's Bemühungen und bezeichneten ihn als ›Polizisten‹. Eine Schülerin der Kl. X verließ mit der Ausrede, das WC besuchen zu wollen, die Vorstellung und es folgte wenig später ein fremder Schüler. Fr. B. folgte den beiden und fand sie rauchend auf der Straße vor. Fr. B. stellte Konsequenzen in Aussicht und befragte den fremden Schüler, ob er hinausgehen dürfte und von welcher Schule er käme. Eine Lehrerin der Rütli-Schule kam hinzu und wies Fr. B. zurecht, sie solle sich um ihre Schülerin kümmern. In der Pause versuchten Herr G. und Frau K. die Lehrer der Schüler, die unsere Mädchen belästigten, um Unterstützung zu bitten. Dieser Versuch schlug fehl. Die drei Lehrer (zwei Frauen, ein Mann), die während des Stückes in der letzten Reihe saßen und auch die Geschehnisse während der Aufführung hätten wahrnehmen können, reagierten unwissend und sehr abweisend. Herr G. wurde vor den versammelten Schülern von der Lehrerin gemaßregelt, die bereits Fr. B. kennen gelernt hatte. Frau K. musste vehement darauf drängen, dass sich der Lehrer mit seinen Jungs von unseren Mädchen wegsetzt, um weitere Belästigungen zu vermeiden. Nach der Pause verteilten sich unsere Kollegen noch mehr im Zuschauerraum, um eventuelle Eskalationen zu vermeiden. Als Frau L. erneut fremde Schüler wegen Störungen ansprechen musste, wurde sie von einer Lehrerin nachgeäfft. Während der Vorstellung wurde mit Handys telefoniert, einem Schauspieler auf einem Fahrrad ein Bein gestellt, ein Kaugummi auf ein Fahrrad geklebt, der später an der Kleidung eines Schauspielers hängen blieb. Mädchen unserer Schule wurden Haarbüschel ausgerissen; der BH geöffnet; in die Hose gegriffen; der Rücken mit Edding bemalt. Es gab kein Eingreifen von Seiten der zuständigen Lehrer. Bei der Auseinandersetzung mit den Schülern, die sexuell belästigt hatten, wurde Fr. K. von den Lehrern nicht unterstützt. Es wurde als Lappalie abgetan.

Der Besuch der GG 204 war sehr unerfreulich und anstrengend. Sowohl Lehrer als auch Schüler konnten dem Bühnenablauf nicht mit der gewünschten Konzentration folgen. Das ist nicht nur als Gruppenerlebnis traurig. Es wurden auch pro Person fünf Euro gezahlt, was für manchen Schüler eine erhebliche Summe darstellt.«

Ich habe die Hoffnung, dass der Berichterstatter keinen Deutschunterricht geben muss. Meine Kollegen aus der Rütli-Schule gaben tatsächlich an, nichts an groben Verstößen bemerkt zu haben, sie seien nur als Neuköllner von den Lehrern angemacht worden: »Na, dann muss man sich ja nicht wundern«, was sie wiederum wunderte und immer noch keinen Gesprächsanlass gab. Meine Vorstellung war die, dass man sich erst einmal miteinander bekannt macht und dann ein gesittetes Gespräch führt.

Im Grips-Theater werden die Schüler aufgefordert, sich so zu setzen, wie sie möchten. Sie müssen nicht klassenweise zusammensitzen. Es war im Nachhinein nicht zu klären, ob alle Störenfriede Rütli-Schüler waren. Dass die Verantwortlichen für die sexuellen Belästigungen nicht überführt wurden, ist empörend. Meinem Vorschlag, die Lehrer möchten sich im Nachhinein miteinander verständigen, wurde nicht gefolgt.

Fremde

Deutschland ist ein später Nationalstaat. Nach dem preußisch-französischen Krieg 1870/71, in dessen Folge das deutsche Kaiserreich gegründet wurde, musste das besiegte Frankreich gigantische Reparationsleistungen bezahlen. Sie bewirkten im Reich wirtschaftliche Prosperität und machten es erforderlich, die Arbeitskraft ausländischer Menschen einzukaufen. Ebenso wie heute wollten die Verantwortlichen mit den Folgen dieser Arbeitsmarktpolitik nichts zu tun haben.

Im Kaiserreich wurden Landarbeiter – *Ruhrpolen* genannt – aus dem von Preußen okkupierten Westteil Polens an die Ruhr geholt. Es handelte sich um preußische und deutsche Staatsbürger, die man beliebig heuern und per Ausweisung feuern konnte. Sie pflegten ihre eigene Kultur und ihren engen Zusammenhalt in den Einwanderervierteln. Erst spät kam es zu einer allmählichen Vermengung mit den Alteingesessenen des Ruhrgebietes.

Ulla Hahn beschreibt in ihrem Roman »Das verborgene Wort« die Vorbehalte gegen die Fremden: »Wer im Dorf nicht dazugehörte, war ein Müpp. Es gab eingeborene, dreckige Müppen, evangelische Müppen und die Flüchlingsmüppen aus der kalten Heimat.« Auf den Schulhöfen gab es eine gedachte Linie zwischen den wenigen evangelischen Müppen und den Katholiken.[1]

---

[1] Derartige Linien gab es später auch bei uns an der Rütli- zwischen der Haupt- und Realschule. Und in der Donaustraße wurden auf diese

Heute weist der Mikrozensus nach, dass junge Migranten keine Minderheit mehr sind. Ein Gesetz vom 1. Januar 2005 erlaubt, außer der aktuellen Staatsbürgerschaft der befragten Person auch deren ursprüngliche Staatsangehörigkeit zu erfragen: Die Statistik zeigt neben dem Ausländeranteil von 13,35% weitere 10,1% Deutsche aus Migrantenfamilien an. Besonders groß ist dabei die Gruppe der unter 18-jährigen Migranten. Die Schätzung kommt zu dem Schluss, in 20 Jahren werde jeder zweite Schüler einen Migrationshintergrund haben.[2] Weitere 200.000 Ausländer unterliegen einer »Altfallregelung«. Dieses bürokratische Unwort bezieht sich auf Flüchtlinge, in deren Heimatländern Bürgerkriege toben oder in denen Gewaltregime jede autonome Aktion blutig unterdrücken. Nach geltender Rechtslage werden diese Menschen »geduldet«, sie sollen in ihre Heimat zurückkehren, wenn sich die Verhältnisse demokratisieren.

Nun warten diese Altfälle teilweise schon länger als zehn Jahre darauf, dass die Bedingungen sich ändern. Inzwischen haben sie Kinder geboren, diese besuchen Schulen, wollen Berufe erlernen, wollen arbeiten. Ununterbrochen stoßen sie dabei an die Grenzen, die der Status ihnen auferlegt. Stets sind sie der Gefahr ausgesetzt, häufig über Nacht in ein ihnen fremdes Land abgeschoben zu werden. Das geschieht oft, viel zu oft.

Migranten galten jahrzehntelang als Problem. Sie scheinen jetzt angesichts der demografischen Entwicklung – Deutsche vögeln sparsam, und sie verhüten erfolgreich – als Bevölkerungsreserve wichtig zu werden. Gleichzeitig wächst der Anteil muslimischer Straftäter. Die Verwaltung zeigt hilflos Flag-

---

Weise die Sonderschüler der *Kielhornschule* von den Schülern der *Max-Weber-Berufsschule* getrennt.

[2] Die Angaben sind dem *Tagesspiegel* vom 14.8.2006 entnommen.

ge. In Neukölln und Kreuzberg fragt die Polizei festgenommene Jugendliche danach, in welcher Moschee ihre Eltern beteten. Dann will man den Imam kontaktieren. Reaktionäre türkische Gruppierungen wie die Islamische Föderation, die nur eine Minderheit der türkischstämmigen Bevölkerung vertreten, begrüßen das lebhaft, freuen sie sich doch über den Zuspruch und ihre Anerkennung als Partner.

Werden straffällige muslimische Jugendliche zu sozialer Arbeit verurteilt, dann müssen sie diese nicht mehr bei weltlichen Trägern oder in karikativen Einrichtungen der Kirchen ableisten, sondern verstärkt in Moscheevereinen. Dort erleben sie unmittelbar, wie die Familienhierarchie aufrecht zu erhalten ist, wie der Mann die Frau zu dominieren hat, welche Macht Brüder im Verhältnis zu ihren Schwestern ausüben sollen.

Das Grundgesetz legt gleiche Rechte für Mann und Frau fest. Das akzeptieren diese Vereine nicht.[3] Die Polizei will von Erfahrungen in französischen Banlieues lernen: Imame wirkten auf manche Jugendlichen beruhigend. Wo Moscheevereine stark sind, sei der Krawall geringer. Der Preis ist heiß, der für diese Lehren zu bezahlen sein wird! Die Vereine kämpfen gegen Ungläubige, sie wollen den Gottesstaat. Kirche und Staat sind nach Maßgabe des Grundgesetzes getrennt. Lächerlich!

Die italienische Schriftstellerin Marisa Fenoglio lebt seit 50 Jahren in Deutschland und schreibt: »Seit wenigen Jahren habe ich durch die Kinder Eintritt in deutsche Familien gefunden. Der letzte entscheidende Schritt in das neue Land.«[4] Diesen Schritt vermögen nun allzu viele nicht mehr zu gehen.

---

[3] Jugendkriminalität: Polizei bittet Imame um Hilfe, aus: *Tagesspiegel* vom 24.7.2006

[4] Im *Tagesspiegel* vom 13.7.2006

Mit der Mafia verhandeln?

Anfang der 1980er Jahre erreichte mich während der Pfingstferien der Anruf eines verstörten Kollegen. Ein Schüler seiner Klasse habe sich vertrauensvoll an ihn gewandt, er werde bedroht. Man wolle ihm die Hand abhacken, wenn er es nicht schaffe, die Rütli-Schule zu veranlassen, ein großes Fest zu veranstalten. Auch Schulfremde sollten mitfeiern dürfen. Der Kollege nahm die Drohung sehr ernst, und wir überlegten gemeinsam eine sinnvolle Strategie: Wir mussten die Anonymität aufbrechen! Der Schüler sollte deshalb den Erpressern übermitteln, sie sollten mit der Schule Verbindung aufnehmen, dann sei vieles möglich. Das geschah auch. Die Jugendlichen waren zu einem Treffen in der Schule bereit. Wir hatten es mit den »Reuters«, einer Jugendgang des Kiezes zu tun.

Der Chef saß im Rollstuhl, er hatte Kinderlähmung, konnte nur mühsam alleine stehen, allenfalls ein paar Schritte tun. Ein seltsamer Ruf eilte ihm voraus, er habe Schlangen in seinem Rollstuhl versteckt. Er hieß Ali.

Fünf Jugendliche begleiteten ihn, mit Mühe schafften sie es, Ali mit seinem Rollstuhl in das anerkannt behindertenfeindliche Gebäude zu bugsieren. Die Jungen bemühten sich um einen martialischen Auftritt, der misslang eindrücklich. Die Begleiter erwiesen sich als ungeschickt, Ali fiel aus seinem Rollstuhl und fand sich auf dem Boden wieder. Ihm war nichts geschehen, jedoch kippte alles ins Komische, bedrohlich war gar nichts.

Wir boten Tee an. Gemeinsam sprachen anschließend mehrere Kollegen mit der Gruppe, machten ihr klar, dass sie sich der Nötigung und Erpressung schuldig gemacht hätten. Die jungen Menschen erstaunte das sehr, sie schienen nicht ermessen zu können, wie ihr Verhalten zu bewerten sei. Dann versuchten sie, ihre Beweggründe darzulegen: Sie fänden nirgendwo Einlass, seien überall unerwünscht, niemals würden sie zu Feiern eingeladen. Die »Reuters« verloren an Schrecken und gewannen an Sympathie. Wir kannten fortan ihre Namen und ihre Gesichter. Als ich dienstgemäß der Schulaufsicht Hergang und Lösung des Ereignisses vortrug, bemerkte diese: »Seit wann verhandeln wir mit der Mafia?«

»Ich bin gestürzt«

Immer wieder bedeckten blutende Striemen und dunkle Flecken Gesicht und sichtbare Körperteile des jungen Mädchens aus einer türkischen Familie. Wir fragten sie nach den Ursachen ihrer Wunden. Sie antwortete, sie sei gestürzt, sie habe sich an der Treppe gestoßen, sei ungeschickt gefallen. Einmal schienen ihr die Schmerzen unerträglich. Sie kam weinend und völlig verdruckst mit einer Klassenkameradin zu mir. Der Vater schlage sie immer wieder mit einem Riemen, sie wisse fast nie warum. Wenn sie nach der Ansicht des Vaters den Haushalt nicht gut versorge oder wenn sie zu spät nach Hause komme, werde sie verprügelt. Sie schüttelte sich vor Scham und Hilflosigkeit. »Bitte«, bat sie, »reden Sie nicht mit meinem Vater, er wird dann noch schlimmer, weil ich eine Verräterin bin.« Derartige Sätze vernahm ich auch, wenn ältere Brüder die Schwestern bewachen und sie an Vaters Stelle malträtieren, weil sie meinen, diese hätten sich mit fremden Jungen unterhalten.

Wir sprachen lange mit Hülya, und als sie merkte, dass wir auf ihrer Seite standen, war sie einverstanden, mit mir die Schulärztin aufzusuchen. Dort setzte ich mich in den Warteraum, während Hülya mit der Ärztin im Sprechzimmer war. Plötzlich hörte ich die Ärztin schreien: »Wenn du nicht willst, dass ich dir helfe, dann geh und komm bloß nicht wieder!«

Weinen, Lärm, ein Stuhl fällt um, Hülya stürzt aus dem Behandlungsraum, sie scheint völlig aufgelöst und zugleich empört.

Was war geschehen? Die Ärztin hatte sich die Wunden angesehen und dem Mädchen gesagt, sie müsse und werde das melden. Warum sie denn nicht eher gekommen sei. Daraufhin habe sie die Ärztin aufgefordert, ihren Besuch zu vergessen, sie sei bisher ohne Ärztin ausgekommen und werde das auch weiterhin schaffen. Frau Doktor schrie sie an. Da begegnete ihr blanker, ungewohnter Widerstand. Sie verhielt sich wie der Vater, ohne das Mädchen zu schlagen, provozierte aber wie eben dieser die prompte Renitenz des Mädchens. Widerspruch Unmündiger wird in diesem und in jenem Kulturkreis ungern hingenommen. Frau Doktor und der türkische Vater – ein Zoffmuster!

Mittlerweile war es spät geworden. Hülya wäre viel zu spät nach Hause gekommen, deshalb begleitete ich sie. Ich stellte mich vor und erklärte, wir hätten eine Ärztin aufsuchen müssen, weil Hülya starke Schmerzen gehabt habe und mir ihre Verletzungen bedenklich vorgekommen seien. Ich fragte den Vater nach seiner Arbeit, wie es der Familie gehe, weshalb er mit Hülya solche Schwierigkeiten habe, sie sei in der Schule freundlich und hilfsbereit, sie sei klug und selbstbewusst, auf die Familie lasse sie nichts kommen. Der Vater wirkte zurückhaltend, aber interessiert, er blieb höflich und blickte, wie mir schien, stolz auf seine Tochter. Ich sprach mit dem Vater über die Tochter und mit der Tochter im Beisein des Vaters. Das hatte es bis dahin nicht gegeben, sie hätte ihn bewusst und unbewusst geärgert, er hätte sie geschlagen. Ein verhängnisvoller Zirkel. An diesem Tag wurde Hülya nicht geschlagen. Ob das von Dauer war, kann ich nicht sagen. Als ich mich verabschiedete, fragte der Vater: »Wo ist Schule? Doch nicht so schlecht.«

Bei Muslimen ist das Reden über die Familie tabu. Es ist schwierig zu intervenieren, aber muss man deshalb die Versuche aufgeben? Wir müssten viel mehr über erfolgreiche Versuche wissen!

Ömer im Keller

Wir wissen nur wenig darüber, weshalb manche Jugendliche kriminell werden und andere nicht. Wir vermuten allenfalls, wie vor allem männliche Jugendliche aus Migrantenfamilien zwischen Straße und Familie sozialisiert werden. Wir können Wirkungen beobachten und Folgen beklagen. Sollen straffällige Jugendliche nach wiederholten und oft gravierenden Straftaten in die Türkei oder in arabische Staaten ausgewiesen werden, weil ihr Vater von dort stammt? Oft sprechen diese jungen Menschen gut deutsch, sie wären klug genug, ein Gymnasium zu besuchen und erfolgreich abzuschließen. Allerdings werden sie gering geschätzt, weil sie, obwohl in Berlin geboren, nicht deutsche Staatsbürger sind. Meist nimmt man sie erst wahr, wenn es zu spät ist.

Ömer, 17 Jahre alt, war der Sohn einer türkischen Mutter und eines arabischen Vaters. Man sagte, er sei Akademiker und in einer Moschee tätig. Für Ömer hatte er keine Zeit. Weil dieser sich abgelehnt fühlte, zog er sich völlig aus der Familie zurück. Er hielt sich an seine Clique aus der Mittenwalder Straße, die Plätze und Straßen Neuköllns und Kreuzbergs besetzte. Er schwärmte von ihnen: »Alle cool, wir halten zusammen.«

Da sie der Öde des immer gleichen Straßenlebens – »was willst du, was guckst du, wo gehst du« – entgehen wollten, Freizeitaktionen aber Geld kosten, klauten sie Schnaps in Supermärkten. Diesen verdealten sie in den lokalen Imbissbuden. Sie brachen in Autos ein und klauten alles, was der Trödler ihnen abkaufte. Sie nutzten die Autos, um wild mit ihnen solange herumzufahren, bis sie irgendwann ohne Sprit liegen blieben. Wie sie Mädchen auf andere Weise beeindrucken könnten, fiel ihnen nicht ein. Weil die geklauten Wagen als Mittelklassewagen meist nur begrenzt cool waren, liehen sie sich schon mal einen BMW, passierten mit diesem wieder und wieder die Schule, um das Gefühl zu genießen, bewundert zu werden.

Wer noch keinen Führerschein fürs Auto hatte oder niemanden kannte, der einen besaß, klaute mehrere Motorroller, um aus mehreren ein neues Gefährt so zusammenzuschrauben, dass – so die naive Hoffnung – die Polizei keine Möglichkeit hätte, es zu identifizieren. Die Jugendlichen hielten mit ihren Rollern Hof vor der Schule. Ömer war immer dabei, er wurde zum *bad boy* der Schule. Die Straße war ihm Abenteuer und Bewährung, was war dagegen Schule? Die Polizei kannte natürlich die Tricks der Jungs. Sie beschlagnahmten immer wieder die gestohlenen Roller, es hagelte Anzeigen.

Ömers Mutter resignierte angesichts der ständigen Eskapaden ihres Sohnes und seiner kriminellen Aktionen. Er selbst zeigte sich nach Gesprächen in der Schule häufig einsichtig, träumte von einem in Zukunft geordneten Leben, er wusste, dass er für eine Ausbildung einen Abschluss braucht. Spricht man mit Ömer oder mit einem seiner Freunde alleine, dann sind sie höflich, freundlich, einsichtig – gut erzogen. Sie wissen, was Respekt ist. Nur wer sie nicht kennt, meint, sie seien von der Zivilisation sternenweit entfernt. Wirft man ihnen vor, ihre Erziehung im Elternhaus sei schlecht gewesen, dann werden sie äußerst wütend, und sie verteidigen die Ehre ihrer Familien gegen die Lehrer, die derartiges nicht zu würdigen vermögen. Gleichwohl sackte Ömer weiter in die Kriminalität ab.

Irgendwie, irgendwann gelang es mir, den Vater in der Schule zu empfangen. Ich erklärte ihm die dramatische Situation seines Sohnes. Er verstand mich und versprach, sich um ihn zu kümmern. Er sperrte Ömer in den Keller.[5] Dort verbrachte der Junge 14 Tage und überlebte das Gefängnis wohl nur, weil die Mutter ihn heimlich versorgte. Das Verhalten von Ömer änderte sich nach dieser grausamen Intervention. Wie sollten wir das beurteilen? War das Freiheitsberaubung, war es Erziehung? Wir scheiterten, scheiterte auch der Vater? Wäre der Gesellschaft mit Ömers Ausweisung gedient? Wird er einen Weg finden, der ihn nicht ins Gefängnis bringt? Lehrern bleiben nur Fragen, bei den Antworten hilft ihnen niemand!

Ölköpfe

Sie wollen Respekt, Wahrnehmung, sie sind süchtig nach Identität. Sie wollen Individuen sein, gleichen einander aber mehr und mehr. Jugendliche wollen als »Einwandererkinder« zu erkennen sein. Auch im Winter tragen sie am liebsten weiße Hosen, dazu die jeweils angesagten Jacken. Ihr Haarschnitt imitiert den der US-Soldaten. Auf dem Kopf verbleibt ein kleiner Haarkranz, alles andere wird kurz rasiert. Das Haar wird geölt. Um den Hals hängen schwere Goldketten. Sie bewegen

---

[5] Dies ist kein Einzelfall. Ein Junge arabischer Herkunft wurde 14 Tage von seinem Onkel mit Handschellen gefesselt, er durfte keinen Schritt ohne ihn machen. Der Onkel gehörte zu einer Großfamilie, die Drogengeschäfte tätigte. Da störte die Polizei, die andauernd an der Tür schellte, um den Jungen wegen seiner Aktionen zu vernehmen. Der Vater des Jungen war bei einer Schießerei in Berlin ums Leben gekommen, also war der Bruder nun für die Kinder zuständig. Sage keiner, die Mafia möchte ihre Kinder nicht anständig erziehen!

sich im wiegenden Gang, dem »pimp roll« der Schwarzen in den Gettos.

Jugendliche aus der Vorstadt zeigen ähnliche Verhaltensweisen. Die Art, sich zu begrüßen, cool zu sein, auch zu fluchen ist identisch. Es scheint, sie mögen weder Kultur noch Kunst. Am liebsten fluchen sie: »Üsch ficke deine Mutter, deine Schwester, üsch ficke eusch alle.« Sommers im Prinzenbad oder im Columbiabad kann man beobachten, wie deutsche Jugendliche Stil und Verhalten an diesen Vorbildern ausrichten. Gleichwohl existieren ethnisch akzentuierte Hierarchien: Türkische Jugendliche sehen auf Araber herab. Gemeinsam verachten sie die Roma, »die ihre Kinder verkaufen«.

Eine größere Gruppe von älteren Jungen hing wie gewöhnlich in der Rütli-Straße ab. Am späten Nachmittag holten Eltern ihre Kinder aus der Kindertagesstätte in der Straße ab. Sie wichen den Jugendlichen aus, wechselten die Straßenseite. Türkische Eltern sprachen mich an: »Sehen Sie, das sind alles Araber. Die rauchen Haschisch und haben alle ein Messer in der Tasche. Keiner macht was dagegen.« Ich erkannte einige ehemalige Schüler unterschiedlicher Nationalität, darunter auch Serben. Die werden oft mit Roma oder Zigeunern gleichgesetzt. Ich ging auf die Gruppe zu, es roch nach Haschisch. Was sie nach Abschluss der Schule unternommen hätten, ob sie eine Ausbildung machten? Einer, der eine Lehrstelle bei BMW gefunden hatte, fürchtete nun, ich oder die auf der anderen Straßenseite vorbei schleichenden Eltern würden sie anzeigen. Das brächte Probleme mit dem Betrieb. »Ich bin reich«, sagt er, »ich habe meine Freunde, Familie und Arbeit, aber ich bin arm, wohin soll ich gehen?« »Ihr macht ihnen Angst, sie denken, so viele Ölköppe auf einem Haufen, das geht nicht gut.« Sie fluchten nicht, sie spuckten nicht, wir unterhielten uns, sie nahmen die Anmache nicht übel. Wohin sie gehen könnten, wussten sie nicht.

Ranja in Trance

Ranja war eine gute Schülerin, sie kam gerne zur Schule, ihre Klasse schätzte sie. Die Familie stammte aus Serbien. Sie sind Roma. Eines Tages suchten mich die Eltern mit dem Mädchen in der Schule auf, um Ranja abzumelden. Sie solle zu ihrem Cousin in einen entlegenen Stadtteil ziehen. Für sie werde der Schulweg dann zu weit. Weil die U-Bahn von Wilmersdorf – dorthin sollte sie ziehen – nach Neukölln nur etwa 15 Minuten benötigt, wurde ich stutzig. Ich sagte den Eltern auf den Kopf zu, dass sie ihre Tochter verheiraten wollten. Ranja sei 15 Jahre alt, Kinderehen aber seien in Deutschland nicht erlaubt. Die Eltern und das Mädchen wehrten sich vehement, niemals täten sie Verbotenes.

Viele Wochen später kamen die Eltern erneut zu mir. Sie warben um meine Hilfe. Ranja sei wieder daheim. Mein Vorwurf sei richtig gewesen: Sie hätten 30.000 DM dafür bekommen, Ranja »nach ihrer Sitte« zu verheiraten. Inzwischen sei ihre Tochter »vom Teufel besessen«, und die Familie des Jungen fordere das Geld zurück. »Frau, biitte hilf!« flehten sie mich an. Ihre Tochter schlafe seit Tagen nicht mehr, halte des Nachts die ganze Familie auf Trab. Sie tanze wie besessen Tag und Nacht, mache dabei kaum Pausen. Die Eltern mussten sich krankschreiben lassen, weil sie ihren Berufen nicht nachkommen konnten.

Als ich Ranja beobachtete, vermutete ich, sie sei in eine Psychose geraten. Sie blickte um sich, als sei sie getrieben, kontrollierte Gegenstände in meinem Büro. Sie wollte mir einreden, ich müsse unbedingt einige Gegenstände entfernen, weil diese mir schaden könnten. Schließlich war sie bereit, mit mir ins Krankenhaus zu fahren. Dort verweigerte sie jede Angabe zur Person. In der Erste-Hilfe-Station drehte sie weiter durch und ließ sich nur von mir ansprechen.

Als wir gemeinsam auf den Befund warteten, brachte der Vater ein merkwürdiges Stück Zeitung zum Vorschein, dem er eine getrocknete Blume entnahm. Diese sei ein Talisman, er habe ihn in Serbien von einer Hexe bekommen, als diese seinen Teufel austreiben sollte. Der hatte ihn nämlich veranlassen wollen, seine Ehefrau zu erwürgen. Ihm habe der Talisman geholfen, der Tochter leider nicht.

Das Krankenhaus am Urban konnte für Ranja nichts tun, sie habe weder Medikamente noch Drogen genommen. Man befürwortete die Einweisung in die Kinder- und Jugendpsychiatrie. Dort wurde Ranja isoliert. Sie brüllte die wartenden Patienten an, warf mit ihren Schuhen und setzte sich schließlich wie ein Kleinkind auf meinen Schoß. Schließlich wurde das Mädchen aufgenommen.

Als ich Ranja nach Tagen besuchte, hatten Medikamente sie entstellt. Sie war aufgedunsen und wirkte apathisch. Man hatte sie in die geschlossene Abteilung gesperrt – zusammen mit Jugendlichen der forensischen Abteilung.[6] Alle wurden mit Medikamenten ruhig gestellt und hatten nur einen Wunsch: Raus hier!

Als der Oberarzt – immer unruhig um sich blickend, als befürchte er, attackiert zu werden – erscheint, bemerkt Ranja: »Guck, da kommt Napoleon.« An ihn erinnert sie sich gut aus dem Geschichtsunterricht, den sie immer mochte. Sie verbrachte viele Wochen in der Anstalt, dann wurde sie als vorübergehend symptomfreie Schizophrene entlassen.

Jahre später treffe ich sie wieder. Sie hat inzwischen zwei Kinder geboren. Sie fühle sich gut, sagt sie. Ihr Blick schweifte dabei in mir verschlossene Sphären ab. Ich fühlte, sie verabschiedete sich zu schnell und etwas angstvoll von mir. Wie

---

[6] Dort werden psychisch Kranke behandelt, die straffällig geworden sind.

wird es ihren Kindern gehen? Werden sie über ihr Leben entscheiden können? Ranjas jüngere Schwester wurde zwei Jahre später ebenso verheiratet. »Wir haben eben andere Sitten.«

Ayses Kopftuch

Eine Familie soll abgeschoben werden. Man will sie loswerden. Sie gehören nicht dazu. Sie haben nicht das Recht, hier zu sein. Sie sind Schüblinge.[7] Ayses Familie ist aus dem Kosovo geflüchtet, weil sie dort verfolgt und misshandelt wurde. Das Mädchen hat sich leicht getan, deutsch zu lernen, sie war in allen Schulfächern überdurchschnittlich gut. Andauernd musste ihre Familie um den Aufenthalt kämpfen, Abschiebetermine wurden durch vorübergehende Duldungen außer Kraft gesetzt. Erlaubnisse wurden kassiert und wieder gewährt. Gleichsam ein ständiges *living in transition.*

Ayse wurde von diesem Leben im Schwebezustand paralysiert. Sie fand sich nicht damit zurecht, wusste nicht mehr, wofür sie sich anstrengen sollte in dem Land, das sie nicht will, obgleich es sie nicht kennt. Sie kam nur noch unregelmäßig in die Schule, irgendwann gar nicht mehr. Ayse wurde von einer Frau aus der Flüchtlingshilfe betreut, die darüber nachdachte, sie zu adoptieren, um ihr eine Zukunft zu geben. Das einst so verlässliche und offene Mädchen wurde in seiner Zerrissenheit unzuverlässig, verlogen und unverschämt. Ayse

[7] Der Mensch als Unmensch hat seinen eigenen Wortschatz. Der geltende Sprachgebrauch der Funktionäre, der Politiker, der Verwalter, der Medien hat eine totalitäre Sprache entwickelt, die der Praxis entspricht, die sie vertreten und etablieren. Es wird abgeschoben, dagegen ist nichts zu machen, diese Terrorsprache lässt kein Argument mehr zu, der Fall ist erledigt. Verdächtig sind diejenigen, die sich dagegen wehren.

schien ver-rückt. Sie habe immer Kopfschmerzen, sagte sie, niemand könne ihr helfen. Die Mutter glaubte, ihre Tochter sei in eine Haschisch rauchende Clique geraten. Diese Gruppe begehe auch Einbrüche, um sich Stoff zu besorgen. Sie habe keinen Einfluss, sei selbst depressiv und deshalb hilflos und unfähig, das Mädchen zu erziehen.

Eines Tages kam Ayse wieder in die Schule. Ihr Gesicht war ernst. Sie trug ein Kopftuch nach traditioneller religiöser Sitte. »Das hat mir mein Herz gesagt«, erklärt sie, als wir sie fragen, weshalb sie auf einmal so gekleidet sei.[8] Dieses Argument bringen inzwischen viele Mädchen vor, die Kopftuch tragen. Sie haben umfassenden stillen, aber auch manifesten Zwängen nachgegeben.

Zwischen einem gefährdeten Leben in Deutschland und den Wurzeln in der Heimat ihrer Eltern und Großeltern tut sich ein tiefer Graben auf. Kinder sind und bleiben Fremde an den Ufern des Grabens. Der französische Historiker Fustel de Coulanges schrieb 1870 an seinen deutschen Kollegen Theodor Mommsen, dass Franzose sei, wer »einer Gemeinschaft von Ideen, von Interessen, Zuneigungen, Erinnerungen und Hoffnungen« angehöre. Diese Gemeinschaft wird Tausenden von Menschen verweigert. Sie taumeln von Duldung zu Duldung, ohne Arbeit und ohne Lebenshalt.

Wie man das über Jahre erträgt, hat bisher niemand erforscht.

---

[8] In einer Sure, einem Abschnitt des Korans, ist die Rede von einem – nicht näher definierten – Kleidungsstück, das sich die Muslima über ihren Oberkörper legen soll, sodass sie »als Gläubige erkannt und nicht belästigt« wird. Es soll wie ein Selbstschutz wirken.

Wenn das die Mutter wüsste

Tage nach seinem Kopfstoß gegen den italienischen Spieler Marco Materazzi im Finale der Fußballweltmeisterschaft 2006 in Deutschland entschuldigte sich der Franzose Zinedine Zidane bei allen Kindern und Fans für seinen Kopfstoß. Er beteuerte gleichzeitig, dass er so handeln musste, weil seine Mutter und Schwester beleidigt wurden. Zizou, wie er liebevoll von den Franzosen genannt wird, war in seiner Ehre verletzt worden. Der italienische Spieler – angefressen von der Arroganz des Franzosen – soll den Satz gesagt haben: »Ich ficke deine Mutter, deine Schwester.« Dieser nahm die Äußerung wörtlich und betrachtete sie als Verletzung der Familienehre. Seine Mutter sei keine Hure und seine Schwester auch nicht. Wird die Ehre gerächt, ist die Ehre wiederhergestellt. Das geht nicht ohne Verletzungen ab, manchmal auch mit dem Tod.

Mütterbeleidigungen sind seit langem schwer in Mode. In Neukölln z.B. und auch anderswo werden tagtäglich Mütter beleidigt, zum Teil sogar von kleinen Jungen, die körperlich noch gar nicht in der Lage sind, das zu tun, was sie ankündigen, wenn sie die Mütter beleidigen. Ein Lehrer war derart genervt von pausenlosen Mütterbeleidigungen während seines Unterrichts, dass wir den Vater und den Jungen zum Gespräch baten. Der Lehrer stürmte das Büro, er sah den Jungen und rief: »Da bist du ja, der jeden Tag 'ne andere Mutter fickt!« Zum Glück verstand der arabische Vater des Jungen kein Deutsch, und der Bruder des Schülers, der für uns übersetzen sollte, entspannte die Situation, in dem er einfach die Aussage veränderte. Der Lehrer rechtfertigte sich später, er habe nur zitiert.

Die wechselseitigen Beschimpfungen der Mütter führen immer wieder zu endlosen Prügeleien. »Ich ficke deine Mutter«, »Ich ficke deine Schwester«, so geht es endlos. Wäre es nicht so unendlich dumm, man müsste es komisch finden.

Ein australischer Journalist erzählte mir, er sei in Südamerika in einen Konflikt geraten, in dessen Verlauf obligatorisch seine Mutter beleidigt wurde. Er sagte daraufhin: »Meine Mutter ist eine alte Frau. Warum willst du sie ficken. Such dir eine junge.« Der Kontrahent reagierte mit verblüffter Sprachlosigkeit. Wohl sollte häufiger die Idiotie derartiger Ehrverletzungen aufgezeigt werden, ehe dann doch zur Waffe gegriffen wird.

Übrigens: Die Disziplinarkommission des Fußball-Weltverbandes Fifa verurteilte Zinedine Zidane für seinen Kopfstoß an Marco Materazzi zu einer Sperre für drei Spiele und rund 5.000 Euro Strafe. Materazzi wurde für zwei Spiele gesperrt und musste rund 3.200 Euro berappen. Italien war empört. Im Land des Fußballweltmeisters wurde das Urteil als unverhältnismäßig empfunden, die Handlung von Zidane würde gerechtfertigt, wo bleibe der Vorbildcharakter?

Sie beleidigen, spielen foul, verletzen andere absichtlich, spucken ständig vor sich hin, manchmal auch jemanden an…, nach dem Motto: Wir kommen aus dem Getto und wir haben Recht – alle.

»Die Araben kommen!«

Im Januar 1998 standen sich während der Pause je zwei türkische und arabische Jugendliche gegenüber – bereit zu kämpfen. Zuschauer strömten herbei, Gaffer kamen aus der Nachbarschaft, die ganze Schule war in Aufruhr und lauerte an den Fenstern. Einige Vernünftige versuchten die Jungen zu beruhigen, sprachen vergeblich auf sie ein. Mit dem Handy wurde Verstärkung gerufen. Dann näherten sich fremde Jugendliche,

Schülerinnen kamen zu mir gerannt und riefen: »Die Araben[9] kommen.«

Der Konflikt wurde auf eine ganz besondere Weise entschärft. Wegen des Vorbildcharakters wurde der Vorfall dem Landesschulamt gemeldet und auf meine Bitte hin als gelungene Lösung eines Konfliktes durch den damaligen Leiter des Landesschulamtes Berlin im »Tagesspiegel« vom 24. Februar 1998 dargestellt. Der Bericht muss wohl nicht weiter kommentiert werden:

»Blutige Auseinandersetzung an Neuköllner Hauptschule mit pädagogischen Mitteln entschärft. Von Wilfried Seiring.

Von Gewalt auf dem Schulhof hat ja wohl jeder schon gelesen, von Racheakten, Prügeleien aus nichtigem Anlass, ethnischen Konflikten und ausländerfeindlichen Aktionen. Von den pädagogischen Reaktionen darauf, von Befriedungen durch Lehrer-Intervention, vom Täter-Opfer-Ausgleich hört man nur in kleinem Kreis oder gar nicht. Hier ein schönes Beispiel, wie ein schlimmer Konflikt gelöst wurde. Die Presse berichtete über die blutige Auseinandersetzung in einer Neuköllner Hauptschule, von der Prügelei in der großen Pause zwischen zwei türkischen und zwei arabischen Jugendlichen. Gruppierungen entstanden, es kam zum Auflauf. Die Kämpfenden waren durch Lehrer kaum zu trennen. Blutende Opfer, erregte Täter, man konnte sie nicht mehr voneinander unterscheiden. Noch lange danach trat einer die Tür ein, ein anderer rief mit dem Handy nach Verstärkung. Die Polizei wurde gerufen, die Eltern geholt. Schließlich ging man getrennt nach Hause.

Die Schulleiterin charakterisiert die Situation nach Einzelgesprächen: ›Serkan und Rani waren bereits vor zwei Jahren in einen handgreiflichen Konflikt bei einer Schuldisco an ei-

---

9 Kiez-Deutsch für Araber.

ner anderen Oberschule verwickelt. Beide sind seither verfeindet, erinnern sich bis heute deutlich daran... Seitdem schwelt der Konflikt und andere Jugendliche ergreifen für die türkische oder arabische Seite Partei. Man provoziert sich mehr oder weniger still. Man hat den Eindruck, dass die Machtfrage gestellt wird, wer unter den Jugendlichen das Sagen hat. Von den türkischen Jugendlichen wird beschrieben, dass sie keine Probleme miteinander hätten, wenn sie sich alleine auf der Straße oder beim Freizeitsport träfen. Nur wenn sie in Gruppen aufeinander treffen, würde provoziert. Alle Beteiligten zeigten keine Einsicht, da ihre Ehre auf dem Spiel stünde. Lehrer könne man nicht zur Hilfe holen, da man dann als Feigling gelte.‹

Nachdem die Lehrer eine Deeskalationsstrategie entwickelten, die Schulleitung per Umlauf alle Klassen ermahnte (›Wir sind eine Schulgemeinschaft und werden auch hier lernen, miteinander umzugehen‹), das Gespräch mit den entsetzten Eltern geführt wurde, fand unter Leitung der zuständigen Schulaufsicht eine Gesamtkonferenz statt. Unter aktiver Mitarbeit des Schulpsychologen kam es in den darauf folgenden Tagen zu Gesprächen mit den Kampfhähnen, zunächst getrennt, dann, nachdem sie Vertrauen gefasst hatten, gemeinsam, wobei jeder in Ruhe seine Sicht vortragen konnte. Langsam entstanden Einsicht, eine selbstkritische Position und die Bereitschaft, das Verhalten zu ändern. Am Ende aller Bemühungen gaben sich die Schüler die Hand – was auf einem Foto für alle festgehalten wurde –, konnten sie einander ohne Groll in die Augen sehen. Unter dem Eindruck der Bemühungen entstand der Wunsch, das Gelernte an die Mitschüler weiterzugeben. Ein Flugblatt an alle ›unsere Mitschüler und Mitschülerinnen‹ entstand unter Mithilfe des Schulpsychologen.

Das Dokument wurde unterzeichnet und hat folgenden Wortlaut: ›Wie ihr wisst, hatten wir – Rani, Erkan, Ahmed und Serkan – eine Auseinandersetzung an unserer Schule. Wir haben erkannt, dass Schlägereien keine Lösungen sind. Wir möchten euch deshalb raten:

- Sprecht miteinander und vertragt euch! Verletzt euch nicht!
- Denkt mit dem Kopf und nicht mit den Fäusten. Fäuste können nicht denken!
- Sprecht nicht hinter dem Rücken über andere!
- Glaubt nicht alles, was man euch erzählt! Gerüchte sind Lügen!
- Fragt nach, bevor ihr reagiert!
- Wenn ihr euch nicht mögt, geht euch aus dem Weg, damit es keinen Streit gibt‹

Die Pädagogen atmen auf, die Schüler auch. Statt der Schule verwiesen zu werden, dürfen sie bleiben. Wird das mühsam erworbene friedfertige Verhalten in der Schulgemeinschaft, in den Familien, in unserer Gesellschaft Unterstützung finden? Wir wollen es hoffen.«

Alle Jungen haben die Schule mit einem Abschluss verlassen, und mindestens drei von ihnen haben einen Job, einer hat eine Familie gegründet.

Nur weg aus Potsdam

Als die Polizei Emel in die Schule brachte, erschraken wir. Die neunte Klasse war mit einem Arbeitslehreauftrag in umliegende Geschäfte geschickt worden, um Preise zu recherchieren. Sie habe im Drogeriemarkt einen Lippenstift an sich genommen, deshalb seien sie hier. »Det jeht doch nich«, sagte der Beamte, »inne Droscherie musste ssal'n, det is so bei uns und bei de Türken isset ooch so. Könn'se ihr dat nich vamitteln?«

Emel war erst seit kurzem an der Schule, wurde von den Mitschülern geschätzt, sie lernte schnell, konnte bald gut deutsch sprechen. Ihr Cousin, der auch unsere Schule besuchte, hatte sie zu uns gebracht. Ihre Eltern seien nicht in Deutschland, wurde gesagt. Sie lebe bei der Tante in Neukölln. Nun wurden die Personalien geprüft: Emel hielt sich illegal in Berlin auf. Wohl war sie bei einer Tante in Neukölln untergekommen, die Eltern lebten jedoch auch in Deutschland. Sie hatten um politisches Asyl gebeten und waren in Potsdam untergebracht worden. Dort ging Emel auch zunächst zur Schule.

Emel berichtete fast unmerklich weinend, sie habe sich umbringen wollen, weil die Mitschüler ihr ständig Gemeinheiten[10] in ihre Schulbücher geschrieben hätten. Niemand habe mit ihr sprechen oder ihr helfen mögen. Ein Kopftuch habe sie nie getragen. Die Eltern verzweifelten bald ebenso wie ihre Tochter und schickten sie nach Berlin an die Hauptschule. Vom Berliner Schulsystem wussten sie nichts: nur weg aus Potsdam! Mich ekelten diese Alltagsschilderungen an. Ich wollte die Eltern kennen lernen, vielleicht könnte ich helfen. Als sie in die Schule kamen, brachten sie ein großes Album voller Fotos mit. Auf den Bildern war Emel zu sehen, die in Schuluniform vor einem türkischen Gymnasium in die Kamera blickt. Es sei eine Privatschule gewesen, sagte der Vater. Andere Bilder zeigten ein wunderbares mediterranes Haus, einen üppigen Garten. Das Boot der Familie lag an einem Steg vertäut. Die Familie musste vermögend gewesen sein und zufrieden mit ihrem geordneten Leben.

Der Vater betrieb eine Druckerei in Istanbul. Eines Tages wurde er denunziert und beschuldigt, für die PKK Flugblätter gedruckt zu haben. So musste er über Nacht mit der Familie das Land verlassen. Er sagte, die Anschuldigungen seien

[10] Sie blieb dabei im Ungefähren, der wiedergegebene Ausdruck *Matratze* weist daraufhin, dass sie vor allem Obszönitäten auszuhalten hatte.

haltlos, es müsse die Denunziation eines Konkurrenten gewesen sein. Wir konnten der Familie schnell einen Termin bei der Ausländerbehörde verschaffen. Ihr Antrag auf Asyl wurde anerkannt. Er hatte Geld transferieren können. Das wirkte offensichtlich überzeugend dem allfälligen Verdacht entgegen, Wirtschaftsflüchtling zu sein. Emel schloss bei uns die zehnte Klasse ab. Sie ging dann auf ein Gymnasium und machte Abitur. Sie schien unbeschädigt, aber das wissen wir nicht genau.

Kein Plan – nirgends

Unmittelbar nach der Wende kamen Lehrer aus der DDR an unsere Schule. Sie hatten Hürden zu überwinden: Ihr Examen wurde nicht vollständig anerkannt. So waren Pädagogen, die bereits eine lange Schulpraxis hinter sich gebracht hatten, gezwungen, das zweite Staatsexamen abzulegen. Viele gerieten dabei in einen entwürdigenden Prüfungsstress. Später ersetzte man das Examen durch eine Art »demokratische Aufrüstung«. Diese ließen die ideologischen Kummer gewöhnten Kollegen ziemlich locker an sich abtropfen: Uns kann man viel erzählen, das geht auch vorüber. Die Kollegen aus der »Zone« hatten durchweg zwei Studienfächer abgeschlossen. Das brachte sie – Ideologie hin, Sozialisation her – locker auf die Besoldungsstufe A 13. Die alt gedienten Westkollegen – meist nur in einem Studienfach examiniert[11] – lagen nun eine

[11] An der Pädagogischen Hochschule konnte man bis zur Integration der Lehrerausbildung als Lehrer mit einem oder mit zwei Wahlfächern abschließen. Weil die Kollegen wussten, dass sie in der Grundschule und in der Sekundarstufe als Allrounder eingesetzt werden würden, verzichteten viele damals auf ein zweites Studienfach. Sie nahmen Gehaltseinbußen in Kauf, weil sie möglichst schnell ihren Dienst antreten wollten und sollten.

Gehaltsstufe hinter den neuen Kollegen zurück. Ein wirklich guter Grund für Futterneid und permanente Sticheleien. »Na, Kollege, immer noch unterbezahlt?« Oder: »Ich glaube doch, bei A 13 sollte ihnen doch *das* keine Schwierigkeiten machen!« Das wird so bleiben, bis die Kollegen in Rente gehen. Dann werden sie sich zwar immer noch mies fühlen, aber sie sehen sich nicht mehr täglich.[12]

Nun muss wirklich niemand das dreigliedrige Schulsystem für eine gelungene Form der Organisation von Pflichtschule sehen, den Kollegen aus der DDR jedenfalls war es fremd. Im obligatorischen Gegnerstudium hatten sie nicht aufgepasst, so blieb ihnen das Selektionsprinzip des Systems Hekuba[13] unbekannt. Nun wäre allerdings zu wünschen, dass jeder die Prinzipien kennt, die den Arbeitsplatz determinieren, den er besetzen will. Zumindest war zu ihnen vorgedrungen, dass Hauptschule – aus welchen Gründen auch immer – Problemschule sei. Niemand aus dem Beitrittsgebiet wollte an die Hauptschule. Allerdings standen die Kollegen mehr oder weniger vor einem brutalen Entweder-Oder: Entschlösse man sich nicht für die Hauptschule, würde man arbeitslos.[14]

---

[12] Die neuen Bachelor- und Master Studiengänge werden das Prinzip der »Zwei-Klassenlehrer« noch verstärken – eine ziemliche Katastrophe für die Teamarbeit des jeweiligen Kollegiums.

[13] »Das ist mir Hekuba« im Sinne von »Das bedeutet mir nichts« geht auf eine Stelle in Shakespeares Hamlet zurück. Dort wundert sich Hamlet über die Fähigkeit des Schauspielers, um das Schicksal Hekubas, der schlotterigen Königin aus uralter Sage, zu weinen, während er, Hamlet, trotz des eben erst an seinem Vater verübten Verbrechens, völlig gefühllos bleibt.

[14] Umsetzungen wurden unumgänglich, weil der dramatische Geburtenrückgang in den neuen Bundesländern automatisch dazu führte, Schulen zu schließen und Lehrer zu entlassen, zu pensionieren oder eben in den Westen zu versetzen. Deshalb wurden Hauptschulen etwa in Brandenburg nicht etabliert.

Wenn schließlich doch einige an die *Rütli* kamen, dann geschah das aus zwei Gründen: Der Anfahrtsweg war günstig. Man verlor also nicht über Gebühr Zeit durch die Schule, oder man stellte fest – mir hat das Kriterium nie eingeleuchtet –, dass *die Chemie* stimme. Möglicherweise beruhte diese stimmige Chemie auf der je subjektiven Interpretation eines Vorstellungsgespräches. Natürlich stellte ich die Schulprobleme auch auf dem Hintergrund von undurchsichtigem Verwaltungshandeln dar. Undurchsichtigkeit bestimmte die Erfahrungen der neuen Bürger. Im gemeinsamen Ressentiment vermutete man nun verwandte Seelen, also gute Chemie.

Gleichwohl prägte Missmut und Argwohn die neuen Kollegen aus dem Ostteil der Stadt. Diskussionen, die konträre Standpunkte berührten, kamen schwer zustande. In der Schulleitung bezweifelten wir den Bildungswert von Diktaten, die neuen Kollegen behaupteten mit Entschiedenheit, Diktate würden von den jungen Menschen mit Freude akzeptiert und geschrieben. Als dann einer des autochthonen Personals – eher ironisierend – den Zusammenhang von Diktat und Diktatur ansprach, wurde ihm entgegnet: »Typisch Wessi!«[15]

Der Alltagsstress in der Schule hinderte allerdings auch die Westkollegen daran, sich verständnisvoll mit den Neuen auseinanderzusetzen. Diese wurden mehr und mehr zu Sündenböcken der eigenen unbefriedigenden Arbeitsverhältnisse. Da war es allemal einfacher, die Kollegen zu diskreditieren, als kontraproduktiven Aberwitz im System selbst zu suchen. Misstrauen herrschte vor, zwischen den Zeilen wurde vermutet, was nicht gedacht und gemeint war: Ein Kollege musste einen erfolgreichen Mathematikkurs abgeben. Als ich darüber

---

[15] Die Frage, welcher analytischen Kategorie dieser Begriff zuzuordnen sei – viele der Kollegen gaben sich als Sozialisten aus –, hatte entschiedenes Unverständnis zur Folge.

mit dem zukünftigen Kursleiter sprach, vermutete er sofort Kritik: »Glauben Sie, dass ich das nicht kann?« Dass erläuternde Gespräche Kompetenz ergänzen, nicht in Zweifel ziehen, das wäre eine Fortbildung wert gewesen!

War ich bei einer Konferenz oder einer Sitzung nicht gleich anwesend, fragte man, was denn eigentlich zu besprechen sei. Man erwartete Anordnungen; Diskussionen, zumal egalitär ohne Vorgesetzte stattfindende, wurden als Zeitverschwendung angesehen. Eine Projektwoche war vorzubereiten. Ich beschrieb unser Projektverständnis, Selbsttätigkeit sei das Grundprinzip, Experimente und Suchbewegungen könnten auch in die Irre führen, sie hätten gleichwohl Lerncharakter. Daraufhin entfuhr einer Kollegin der verzweifelte Ausruf, »Ach du dicket Ei!«

In Bewerbungsgesprächen mit Bewerbern aus dem Ostteil der Stadt beschönigte ich die Situation unserer Schule nicht. Wer keine Lust hatte, bei uns unter prekären Bedingungen zu arbeiten, der sollte dazu auch nicht gezwungen werden. Wir waren auf Kollegen angewiesen, die bereit waren, einen Weg zu finden, um Bildung und Erziehung so zu verbinden, dass die multiethnische Gesamtheit der Schüler davon Gewinn hätte. Natürlich gleiche das dem vergeblichen Versuch, die Quadratur des Kreises zu erreichen, es müsse gleichwohl versucht werden.

Nun wendeten die Bewerber sich tatsächlich nicht ab, ließen sich vielmehr einstellen, um nach einem Jahr einen Versetzungsantrag zu stellen. Gleichzeitig bekamen arbeitslose Lehrer, die sich bewusst für die Schule bewarben, weil sie im Umgang mit sozialen Randgruppen erfahren waren, keine Einstellungschance.

Wer diese Personalentwicklung nicht zur Kenntnis nimmt, sollte zu *Rütli* schweigen.

Vagabunden

Mandy kommt nicht zur Schule – keinen interessiert das

Einmal in der Woche musste ich Klassenbücher durchsehen. Diese hatten schon immer eine merkwürdige Doppelfunktion. Sie dokumentierten Anwesenheit, sollten die im Unterricht vermittelten Inhalte wiedergeben und dienten den Lehrern als Kompensation. Wessen pädagogische Versuche scheiterten, der konnte im Klassenbuch tadelnd verkünden, ein Delinquent habe trotz Verbots gegessen, zu laut gesungen, habe den Klassenraum verlassen, sei unverschämt gewesen. Als ich noch zur Schule ging, schrieb einer ins Buch: »Pick beißt in den Apfel.«

Jedenfalls konnte man mit diesen *Büchern* gut nachvollziehen, mit welchen Schwierigkeiten Kollegen zu kämpfen hatten, zu welchem Grad an Infantilisierung sie das Verhalten der Schüler trieb. Denn was ist davon zu halten, wenn ein Kollege etwa dokumentiert, ein Schüler habe »Saurierlaute« ausgestoßen, oder wenn ein anderer geradezu angeekelt schrieb, er habe einem Kaugummi Kauenden »bis in die Eingeweide« sehen müssen?

Als ich einmal Klassenbücher prüfte, fiel mir auf, dass Mandy ihre Klasse noch nie besucht hatte. In einem halben Jahr hatte die Kollegin nichts unternommen. Was sollte ich tun? Die Recherche war dann nicht sehr mühsam: Die Klassenlehrerin von Mandy stand kurz vor ihrer Pensionierung und hatte private Sorgen. Sie fühlte sich überlastet, die Schüler akzeptierten sie nicht, ununterbrochen musste sie Brandherde löschen. Eine Schülerin weniger, ein Problem weniger: Wer nicht kommt, klappt nicht mit der Tür.

Schon damals schwänzten viele, Mandy aber war ein krasser Fall. Ich wollte sie daheim besuchen. Nach einigen vergeblichen Versuchen traf ich schließlich einen Familientorso an. Mandy lebte allein mit Schwester und Mutter. Äußerlich schien alles geordnet, die Wohnung nicht verwahrlost, man war freundlich zu mir. Die Mutter arbeitete als Krankenschwester. Mandy war sitzen geblieben. Sie war damit beschämt worden und grämte sich, wollte das aber nicht zugeben. Älter als ihre Klassenkameradinnen, hielt sie diese für kindisch. Jene hatte sie wohl zweimal erlebt und dann vom Schulbesuch Abstand genommen. Mandy hatte keine Lust mehr auf Schule.

Weil sie wahrgenommen worden war, kam Mandy dann häufiger, ohne dass sie allerdings sagen konnte, was sie sich davon erhoffte. Allerdings hatte die Kollegin sie danach auch nicht mehr gefragt. Sie verließ die Schule nach der neunten Klasse, heiratete früh und bekam bald darauf ein Kind. Sie wollte sich ihre Welt schaffen. Erst nach ihrer Schulentlassung kam heraus, dass ihre Mutter alkoholkrank war und dass Mandy immer wieder vergeblich versucht hatte, ihren totalen Zusammenbruch zu verhindern. Es gibt einen Zusammenhang von Armut und Familienalkoholismus, aber es gibt niemanden, der aus diesem Zustand Handlungen für den Schulalltag abzuleiten vermöchte.

Nun, 23 Jahre später, ist Schulverweigerung zum Normalzustand geworden. Richtig interessant aber ist auch das immer noch nicht.

Heimarbeit

Sie besuchte die neunte Klasse und war aggressiv. Sie kam nur dreimal in der Woche. Die Mutter entschuldigte alles. Renate bekundete, »ick bün ümmer krank, ick fühl ma einfach nich.« Im Winter wurde es dramatisch. Sie fehlte noch häufiger. Ich sprach die Mutter an. Die bekannte, sie besitze weder einen Schrank, noch habe sie was zum Heizen, ein zweites Bett sei *utopisch*. Ich bot ihr Hilfe, sie donnerte mich an: »Ick ha' keen Auto, wir sind arm. Wie soll denn dit allet in meene Wohnung kommen?« Wir brachten ihr trotzdem einiges mit Hilfe des Hausmeisters.

Renate fehlte weiter. Das Jugendamt lud sie ebenso vergeblich zu einem Gespräch, wie auch der Schularzt nicht vermochte, sie vorzuladen. Weil Renate kein Kind mehr war, geschah nichts. Dann stand ihre Schulentlassung an, und sie beschenkte mich. Ich bekam ein ganzes Schweineorchester. Sie spielte auf meinen Namen an und bekundete damit, dass der Englischunterricht nicht spurlos an ihr vorübergegangen war. Schüchtern fragte sie mich: »Nehm' se mir dett übel?« Von ihrer Aggressivität keine Spur.

Nach einem Jahr besuchte mich Renate mit ihrem Freund in der Schule. Sie wirkte heiter, freundlich und aufgeschlossen. Dann lüftete sie das Geheimnis: Ständig habe sie der Mutter bei der Heimarbeit helfen müssen, sie durfte gar nicht in die Schule gehen! Sie hätten Wundertüten gefüllt. Sie habe nie gewagt, sich gegen die Mutter zu wehren, leichter und erleichternd sei es gewesen, in der Schule zu randalieren. »Escht, dett hat mir jut jetan.« Jetzt sei sie ausgezogen, es gehe ihr gut – »det erste Mal in mein Leben«.

»Der ist schon oft von zu Hause abgehauen, den kann man nicht erziehen.« Dirk war schmächtig, er sah attraktiv aus mit seinen blonden Locken. Er wirkte misstrauisch, als sei er auf der Flucht. Seinen Mitschülern blieb er fremd, er interessierte sich auch nicht für sie. Dirk kam dann irgendwann gar nicht mehr in die Schule. Wir sprachen die Mutter an. Sie brüllte, dass sie für Dirk nicht verantwortlich sei. »Er wohnt bei Studenten.« Mehr als das und seine Adresse wussten sie in der Klasse über ihn nicht.

Als ich die Studenten-WG gefunden hatte und dort klingelte, öffnete niemand. Jedoch vernahm ich leise Geräusche, jemand schien auf der anderen Seite der Tür zu lauschen – wohl Dirk, der dort kauerte. Ich sprach auf Verdacht: »Ich will dir helfen«, sagte ich, »du kannst mit mir sprechen.« »Dett wollen Sie, aber tun könn se nüscht!« Dann öffnete er die Tür. Er wunderte sich über meinen Besuch, fragte: »Warum komm'se nicht gleich und bringen die Bullen mit?«

Allmählich wurde er zugänglich, und wir sprachen miteinander. Zu Hause sei es nicht auszuhalten, seine Mutter hasse ihn, und außer »Mecker« gebe es für ihn keine Ansprache. Es mache ihm nichts aus, bestraft zu werden, aber nie gebe es eine Freude. Einmal habe er ein Spiel mit ihr spielen wollen, da habe sie ihn nur verächtlich angesehen. Ich bat ihn, es noch einmal mit der Schule zu versuchen. Tatsächlich kam er dann auch einige Zeit regelmäßig. Dann bereiteten wir gemeinsam ein Gespräch mit seiner Mutter vor. Das endete im Desaster, die Mutter schrie, Dirk weinte vor sich hin, verließ das Zimmer, dann schlug die Wohnungstür hinter ihm zu. Als ich mit der Mutter allein war, bricht ihre Verzweiflung aus ihr heraus: Dirks Vater demütigte sie, schlug und missbrauchte sie. »Nu sehn'se sich den Jungen an, er sieht aus wie der Alte, redet wie der Alte, is' sich wie der Alte. Wie soll ick'n lieb ham?« Mit dem Jugendamt wurde vereinbart, Dirk nach St. Peter-Ording in ein Heim zu geben. Ich hörte dann nichts mehr von ihm.

Bahnhöfe

»Ropies« waren der Renner. Rohypnol ist ein Schlafmittel, das alten Leuten in Heimen verabreicht wird. Jugendliche konsumierten es zusammen mit Heroin oder benötigten es, um Entzugssymptome zu lindern oder heroinfreie Phasen zu überwinden, die eintraten, wenn sie eben kein Geld hatten oder in Beschaffungsschwierigkeiten steckten. Sie klauten Verordnungsblöcke aus Arztpraxen, fälschten geschickt, um dann in der Apotheke »für die Oma« Rezepte einzulösen.

Am Bahnhof Zoo verdienten sich Jungen wie Mike als Stricher das Geld für die Drogen. Wenn wir hörten, einer unserer Jugendlichen sei am Bahnhof abgetaucht, machte ich mich mit dem Suchtprophylaxe-Lehrer auf den Weg. Wir erkundigten uns nach unserem Schüler, und fast immer gaben die Jugendlichen hilfreiche Antworten, sie lehnten uns nicht ab, vielmehr schienen sie sich über uns zu wundern. Sie waren offensichtlich überrascht davon, dass Lehrer sich trauten, den Sumpf zu betreten, dass sie sich um ihre Schüler sorgten.

Einige machten auf Durchblick und auf Verzweiflung, sie erzählten, sie taten sich leid. Sie mochten unsere Anteilnahme. Den Kontakt zu den Gesuchten vermochten sie zwar herzustellen. Doch auch wenn sie Einsicht zeigten, dann hatte diese keine Kraft. Die Drogen und vor allem die damit verbundene Szene waren so attraktiv, dass die Bekenntnisse immer Lügen waren, dass Versprechungen nie eingehalten wurden, dass Begehren um Hilfe immer mit Geld verbunden wurde, welches man diesem oder jenem noch schuldig sei, man könne nicht aussteigen, ehe man seine Schulden nicht beglichen habe. Jede dieser Hilfen aber landete beim Dealer.

Katharina war am Alexanderplatz gestrandet. Dort hatte sich nach der Wende eine Szene etabliert, die der am Bahnhof Zoo ähnlich war. Ihre Eltern hatten ein Tagebuch gefunden, in dem sie ihre Erfahrungen mit Drogen beschrieb: Sie war auf der Suche nach der *totalen Droge.* Mit Schock war der Zustand der Eltern nur unzulänglich zu beschreiben. Ihre Verzweiflung richteten sie gegen sich selbst, machten sich schwere Vorwürfe, sie schienen vor den Trümmern ihrer Existenz zu stehen. Katharinas Mutter war nach Hannover gezogen. Dort hatte sie eine neue Familie gegründet, in der Kathi gestört hätte, sie war unerwünscht, hätte für die neue Konstellation permanenten Konflikt bedeutet. Das konnte Kathi nicht verstehen, und sie wollte es auch nicht.

Ihr Vater lebte in einem kleinen Häuschen im Osten Berlins, auch er lebte in einer neuen, offensichtlich so exklusiven Beziehung, dass Katharina sich allenfalls geduldet fühlte. In Ostberlin groß geworden, bedeutete ihre Umschulung auf eine Hauptschule in Neukölln sozialen Abstieg und Verlust an Prestige. Ihre Zerrissenheit war den Drogen günstig. Sie gab sich ihnen anheim.

Am Alex trafen wir Jugendliche, die Katharina kannten. Wir setzten uns mit ihnen in ein Restaurant. Wir bestellten ihnen zu trinken, redeten und fragten sie aus. Nach einiger Zeit hatte sich herumgesprochen, dass wir Getränke ausgaben. So kamen nach und nach viele ins Lokal, um dabei zu sein. Ein Junge, satt mit Drogen und überdies sturzbetrunken, laberte über sein Leben. Er habe nun keine Kraft mehr, etwas zu ändern, er wolle aber unbedingt in der Schule von seinen Drogenerfahrungen berichten, um zu warnen. Das sei doch was! Ein Mädchen ließ ihre Ratte durch den Ärmel krauchen und verbarg sie dann in der Jacke.

Alle gaben den Eltern die Schuld an ihrem Zustand. »Echt«, sagten sie, »der Wald« und »die Bäume«, das »Klima ist auch am Arsch«, und die »Versifften kümmert das alles nich«. Katharina tauchte auf und dann schnell wieder ab, sie blieb *uff Trebe...* Auch der Junge kam nie in die Schule, um zu warnen.

Eigentlich bin ich ein guter Junge

Klaus ist ein etwas pummeliger, groß gewachsener Junge. Er überragt die Mitschüler seiner siebten Klasse. Er hat etwas Bärenhaftes und ist hilfsbereit. Wie alle Siebtklässler ist er neu bei uns. Seine Akte ist dick, das bedeutet immer: besondere Probleme.

Der auffällige Lebensweg, die Einbrüche in der Schule werden zwar beschrieben, professionelle Hilfe bleibt den Marginalisierten jedoch fast immer versagt. In den ersten Schuljahren hat man es mit Kindern zu tun, die gerne lernen. Fangen die Probleme an, wie aggressives Verhalten, wandern diese Kinder von Klasse zu Klasse und später von Schule zu Schule, bis sie diese verweigern. Es ist erschreckend, wie sich Lebensgeschichten junger Menschen und Kinder wiederholen und die Schule versagt. Sie fühlt sich für das Schwierige nicht zuständig und will weiter selektieren. Weg mit dem Mob, einsperren, in geschlossene Heime.

Klaus hat öfter seine Hand verbunden und er fehlt ständig in der Schule. Er sagt von sich: »Eigentlich bin ich ein guter Junge, wenn ich will. Aber wenn man mich ärgert, schlage ich zu.« Und das passiert häufig, nicht bei uns in der Schule, aber in der Freizeit. Wir nehmen Klaus in unser Schulverweigererprojekt auf. Er scheint sich dort wohlzufühlen.

Wir lernen Vater und Mutter kennen. Sie leben getrennt. Beide sind drogen- und alkoholabhängig. Sie leben in verwahrlosten Verhältnissen. Klaus hält eher zum Vater, seine Mutter ist ihm peinlich. Er sieht nicht, dass beide Eltern durch ihre Mehrfachabhängigkeit gezeichnet sind. Sein Vater ist völlig hilflos, erziehungsunfähig und wispert leise. »Großer, was haste denn nun wieder gemacht. Ich hab dir doch gesagt, das geht so nicht weiter.« Das Jugendamt ist informiert. Klaus lehnt eine Heimunterbringung vehement ab. Er ist von dort schon weggelaufen. Er sieht sich in seiner Freiheit beschnitten. Immer wieder taucht er bei erwachsenen Männern unter, die dem Jungen nur helfen wollen. Einer der »Kinderfreunde« heißt Bonfik, es heißt, er stelle Kinderpornos her. Die Polizei wurde informiert. Was daraus wird, erfahren wir nie.

Wenn Klaus das Zigeunerleben zu viel wird, wird er von seinen Großeltern aufgenommen. Die scheinen ihren gesteigerten Alkoholkonsum noch kaschieren zu können. Auch dort läuft der Junge immer wieder weg. Nichts und niemand kann ihn aufhalten. Er geht seinen zerstörerischen Weg, findet bei niemandem Halt. Klaus erscheint nie wieder in der Schule, sein Zeugnis holt er nicht ab. Wozu auch, da stehen ja nur Sechsen drauf.

»Tokio Hotel« und Neuköllner Vagabunden

Schulverweigerung, gemeinhin Schwänzen genannt, hat es solange gegeben, wie es die allgemeinbildende Schule gibt. Dass das Phänomen sich explosionsartig ausbreitet, ist wahrscheinlich der extremen Perspektivlosigkeit für die Mehrheit der Hauptschulabgänger zu verdanken. Der Ausstoß von ca. 20% Jugendlichen ohne Schulabschluss wird spätestens in 20 Jahren die Gesellschaft noch einmal beschäftigen, wenn die jetzigen Jugendlichen sich nicht mehr mit wechselnden Jobs und Aushilfen über Wasser halten können. Der Erfurter Gymnasiast Robert zum Beispiel, der am 26. April 2002 dreizehn Lehrer, einen Polizisten sowie zwei Schülder erschoss und sich danach selbst richtete, hatte nach zwölf Schuljahren gar keinen Schulabschluss, eine Demütigung, die der junge Mann offensichtlich nicht ertragen hat. Er übte Rache.

Die pubertierende Teenieband Tokio Hotel mit den schulpflichtigen 16-jährigen Zwillingen Bill und Tom machte Ende Juli 2006 Schlagzeilen wegen ihrer »Schulverweigerung«. Sie sind wegen ihrer kometenhaften Karriere von der Schulpflicht zeitweise befreit worden, haben jedoch noch nicht einmal einen Hauptschulabschluss.

Umtriebige Manager haben herausgefunden, dass es inzwischen pfiffige Anbieter im Privatschulbereich gibt, die über das Internet »individuell zugeschnittene Lernpakete« anbieten. Die Anträge müssen handschriftlich bearbeitet und per Post an die »Web-Individualschule« mit Sitz in Bochum zurückgeschickt werden. Die Medien jubeln: Endlich eine Ersatzschule, die nicht nur Promis, viele Hochbegabte, Problemkinder, Schulverweigerer und nicht mehr integrierbare – was immer das sein soll – Kinder und Jugendliche via Internet beschulen kann. Weg mit dem staatlichen Schulwesen – her mit den Privatschulen.

Einen nachträglichen Schulabschluss kann man in Berlin und anderen Bundesländern über eine staatliche Prüfung – in Berlin Fremdenprüfung genannt – seit Jahren erwerben. Für diese Prüfung kann man sich selbstverständlich auch alleine individuell vorbereiten. Es gilt der Rahmenplan der jeweiligen Schulstufe und des jeweiligen Bundeslandes. Allerdings müssen sich die Jugendlichen oder auch Erwachsenen dafür mehr schriftlichen und mündlichen Prüfungen unterziehen als zu einem deutschen Abitur.

Knallhart: Ohne Alternativen?

»41-jährige wird angeschossen«

Die Polizeiticker melden am 4. Dezember 1987, was auch Berliner Tageszeitungen als kleine Notiz druckten: »Vermutlich mit einem Luftdruckgewehr beschoss Mittwochnachmittag ein unbekannter Schütze die 41jährige Autofahrerin Brigitte P. in der Weserstraße. Zwei Einschüsse beschädigten dabei die Frontscheibe. Brigitte P. blieb unverletzt.« Kein Aufmacher im Boulevard, keine Fernsehteams, ein Beruf wird nicht erwähnt – ich war froh. Waren 1987 nicht genug Fremde an der Schule? War Gewalt nebensächlich?

Warum produzieren dagegen die Medien 2006 ununterbrochen Sensationsmeldungen aus der Schule? Tatsächlich interessiert das Leben und Lernen der Jugendlichen in Neukölln gar nicht. Haben Aufgeregtheit und Verstörung heute damit zu tun, dass die Bildungsbürger in ihren Wohnvierteln fürchten, auch ihnen drohe nunmehr Gewalt und Chaos?

Was geschah im Dezember 1987? Ich hatte unsere Schulsekretärin nach Dienstschluss mitgenommen. Als wir eben aus der Rütlistraße in die Weserstraße einschwenkten – ein Donnerschlag! Wir dachten, ein Trumm[1] sei auf das Dach des Autos gefallen. Woher aber hätte es kommen sollen? Wir stiegen aus und bemerkten zwei Einschüsse in der Frontscheibe.

---

[1] Trumm, das: besonders süddeutsch, österreichisch, schweizerisch: großer, schwerer Brocken.

Schüsse konnten nur aus dem Haus Weser-, Ecke Tellstraße abgegeben worden sein. Wir fuhren zur Polizeiwache und erstatteten Anzeige: »Guten Tag, auf uns ist eben geschossen worden. Ich bin die Schulleiterin der Rütli-Schule.« »Ja, ja, hier schießen se uff allet. Halten se mal Ruhe.« Der Beamte nahm uns nicht ernst. Wir empörten uns heftig. Ich forderte nachdrücklich, mein Fahrzeug in Augenschein zu nehmen, schließlich seien wir keine Spinner, unsere Zeit sei im Übrigen begrenzt.

Man verwies uns in eine andere Abteilung. Dort ließ man uns stehen. Der Beamte tippte im Zwei-Finger-Suchsystem auf seiner Schreibmaschine irgendeinen Bericht – atemberaubend langsam. Erst als ich einen Stuhl griff, schaute er auf und ermahnte uns, stehen zu bleiben. Mussten wir uns das gefallen lassen? Nach einigen deutlichen Worten nahm er die Anzeige auf. Anschließend begaben wir uns zum Auto.

Der Beamte stellte fest: »Dette war nur ein Luftdruckjewehr – Jlück jehabt.« Da wurde nicht weiter recherchiert. Die Anzeige wurde bald eingestellt: Der Täter konnte nicht ermittelt werden. Den Vorfall meldete ich der Schulbehörde. Dort zeigte man sich gleichermaßen erschrocken und hilflos. »Haben sie Feinde, können sie nicht heimlich in die Schule kommen oder Hintereingänge benutzen?«, das waren deren Fragen. Vielleicht sollte ich einen Tunnel graben, Berliner-Mauer-Erfahrungen nutzen? Die Pädagogin als Maulwurf – immerhin ein interessantes Bild. Oder man verwandelt sich in Luke Cage, den Super-Comic-Helden mit kugelsicherer Haut.

Die Reparatur der Scheibe trug ich selber. Dafür gab es keine Abrechnungsstelle. Einschusslöcher kamen noch nicht vor. Da hat sich inzwischen einiges getan: Menschen wandern durch die Stadt und beschießen BVG-Busse.

Ein Überfall

In den 1970er Jahren kassierten einige Hauswirte in Neukölln die Miete noch persönlich. Einmal im Monat sahen sie so nach dem Rechten, pflegten Kontakt, schnüffelten herum, schwatzten mit diesem und jenem. Eine solche Hauswirtin hatten zwei Jungen meiner damaligen Klasse offensichtlich seit langem beobachtet. Sie dachten, es müsse leicht sein, der Frau das einkassierte Mietgeld zu klauen.

Sie verschafften sich Äther, träufelten diesen in einen Wattebausch und überfielen die alte Dame. Diese aber wehrte sich vehement, fiel nicht in Ohnmacht und schrie um Hilfe. Passanten sprangen ihr bei, bis die Polizei kam und die beiden festnahm. Der Jugendrichter verurteilte sie zu fünf Jahren Jugendhaft, die sie ortsnah im bekannten »Kaffee Schönstedt«[2] absitzen mussten.

Einer der beiden Jungen war schon vorher häufig aufgefallen, weil er immer wieder bei Diebestouren, vorwiegend in Kaufhäusern, erwischt worden war. Er berichtet stolz, wie es ihm gelang, das Geklaute erst zu verstecken, um es dann günstig bei einem Trödler zu verhökern. Er war eben erst 14 Jahre alt. Stolz brachte er seine Rechtskenntnisse vor: »Ich bin noch nicht strafmündig. So hoch verurteilen, wie ich schon geklaut habe, das geht nicht. Mein Onkel ist Anwalt, der paukt mich raus.«

Die Schüler vertrauten mir vieles an, vieles davon musste ich für mich behalten, weil sie mir trauten. Weil Gespräche in der Schule nur produktiv sein können, wenn sie vertrauensvoll sind, werden Lehrer zu Mitwissern, ehe sie daran zu den-

[2] So nennen die Jugendlichen den Knast in der Schönstedtstraße in Berlin-Neukölln.

ken vermögen, behutsam Verhängnissen entgegen zu steuern. Nach dem Überfall aber war Schluss mit »rauspauken«, G. war zu weit gegangen.

Tatsächlich gab es einen Anwalt gleichen Namens. Er verteidigte vorwiegend schwere Jungen und wurde deshalb häufig in der Presse erwähnt. G.'s Kumpan war ein Mitläufer, der sich gar nichts dachte, er wollte nur dabei sein. Er wurde drogenabhängig und starb Anfang der 1990er Jahre. G. aber hat seinen Onkel noch öfter bemühen müssen. Er war und blieb freundlich, seinen Hang zum Kriminellen konnte er nicht ablegen. 10% der straffällig gewordenen Jugendlichen bleiben kriminell, 90% schaffen den Sprung in ein unauffälliges Leben.

Anja überfällt einen Taxifahrer

Anja besuchte unsere Schule vor über 20 Jahren. Sie fiel auf, weil sie gut aussah, schlank war und groß gewachsen. Sie sprach bestimmt und überlegt, sie wusste sich zu wehren. »Mach mich nicht von der Seite an«, gab sie zu verstehen, wenn ihr ein Spruch, ein Gesicht, eine Aufforderung nicht passte. Manchmal wehrte sie sich, ich wusste nicht immer wogegen. Sie war Punk und lebte Punk so, wie ich das später nie wieder erlebte. Sie trug schwarz, sie wusch sich oder nicht, war behängt mit Ketten und Emblemen. Sie fiel auf. Die Jugendlichen der Hauptschule kleiden sich nicht extravagant oder auffällig. Sie wollen gar nicht auffallen. »Soviel wie ich gehört habe, kann ich nicht erleben.« Und natürlich *no future*: Für manche war das ein Spiel, für Anja war es ernst.

Anja schrieb kluge Aufsätze, sie drückte aus, was viele dieser Jugendlichen damals umtrieb. Sie wollte ein anderes Zusammenleben der Menschen, sie wollte anders über die Zukunft sprechen, als es eben damals üblich war.[3] Sie sagte andauernd nein, aber ihre Arme blieben weit geöffnet. Sie mochte es, wenn ich sie über ihre Standpunkte in den Aufsätzen befragte, sie sprach und stritt sich gerne.

Dann ergriff sie einen so genannten Männerberuf. Sie lernte das Malerhandwerk. »Klaro«, sagte sie und half uns, als wir begannen, unsere Schule zu renovieren. Mutter und Vater wollten sie anders, sie selbst konnte ihre Eltern nur ablehnen. Der Familienkampf trieb sie dem Alkohol zu, sie verlor ihre Freunde und ihre Orientierungen. Schließlich überfiel sie bewaffnet einen Taxifahrer. War das Punk, war das Geldnot?

Wirklichkeit ist in den 1980er Jahren oft als Simulation der Wirklichkeit gesehen worden. Was als Spiel gedacht war, wurde dann ernst, und wir als Beobachter reagierten entsetzt. Anja musste in den Knast. Sie wollte danach Sozialarbeiterin werden, um bei anderen Jugendlichen rechtzeitig eingreifen zu können. Sie hat das Studium begonnen. Wenn sie es einmal hinter sich gebracht hat, dann werden Jugendliche es mit einer Frau zu tun haben, die klug ist und erfahren. Das kann ihnen helfen.

Mario findet eine Mutter

Mario besuchte meine Klasse vor etwa 35 Jahren, als ich eben an die Rütli-Schule gekommen war. Es schmerzte ihn, seine Mutter nicht zu kennen. Er hatte im Heim gelebt, solange er zurückdenken konnte. Er besuchte mich oft zu Hause, suchte

[3] Vor allem verweigerten sich die Punks dem üblichen Selbstfindungsdiskurs, sie wollten gar nicht ihre umfassende Identität den schlechten gesellschaftlichen Verhältnissen gegenüberstellen, bessere Sozialdemokraten wollten sie nicht sein und nicht werden.

meine Nähe, verlangte meine Aufmerksamkeit und Sympathie, wollte nie zurück ins Heim, brauchte Zuwendung und wollte kaum nach Hause gehen.

Ich war auf das Buch »Vom Waisenhaus ins Zuchthaus« aufmerksam geworden. Darin beschreibt Wolfgang Werner[4] in seiner Sprache, mit seiner eigenwilligen Orthografie, seine Herkunft, sein bedrückendes Leben im Heim, die Ausbruchsversuche in die Kriminalität, die ihn schließlich ins Zuchthaus brachten. Dieses Buch brachte ich mit in die Schule, um es vorzustellen. Die Jugendlichen nahmen es nach kurzer Zeit an sich, um es einander abwechselnd vorzulesen.

Wie andere in der Klasse faszinierten Mario diese ungeschminkt dargelegten Erfahrungen des Autors. Sie waren den seinigen ähnlich. Atemlos und aufgeregt berichtete er der Klasse, wie es ihm täglich im Heim erging. So habe auch er Toilettenräume mit der Zahnbüste säubern müssen, wenn Erzieher glaubten, er habe gegen ihre Regeln verstoßen. Die Klasse hörte ihm konzentriert zu. Auch der Alltag der Schüler hatte viel mit Beleidigung und Erniedrigung zu tun.

Sie wollten Wolfgang Werner kennen lernen. Wir schrieben an den Herausgeber Martin Walser, uns einen Briefwechsel mit Wolfgang zu vermitteln. Werner saß zu der Zeit in Stuttgart-Stammheim ein. Er reagierte spontan und begann mit der Klasse einen anhaltenden Briefwechsel. Die Klasse war hingerissen und Mario entflammte diese Erfahrung dermaßen, dass er beschloss, seine Mutter zu finden. Als wir die »Grüne Woche« besuchten, standen wir plötzlich vor dem Monstrum eines archaischen Computers. Den konnten wir mit einigen Daten füttern. Mario kannte – es blieb mir unerfindlich, wie

[4] Wolfgang Werner: Vom Waisenhaus ins Zuchthaus – ein Sozialbericht, Frankfurt a.M. 1969.

er die hatte finden können – bereits Namen und Geburtsdatum seiner Mutter. Diese vertraute er dem Gerät an, das dann ihre Adresse auswarf. Sie wohnte in meiner Nachbarschaft.

Was hatte die Mutter bewogen, Mario zur Adoption freizugeben, als er noch ein Baby war? Warum hatte sie nie versucht, Kontakt herzustellen? Wie lebte sie jetzt?

Ein wenig unsicher, aber gespannt und stolz über seinen Rechercheerfolg, verabredete Mario sich mit der Unbekannten. Nie hat er mir erzählt, wie die Begegnung verlaufen ist. Aber er schwärmte von seiner Mutter, ihrem Aussehen und ihrer Penthouse-Wohnung. Als ich sie anrief, schien sie gleichzeitig bedrückt und ungehalten: Mario war nie ein Teil ihres Lebens geworden. Sein sozialer Status stieß sie ab, zumal ein zweiter Sohn ihr Hoffnung gab. Dieser war gut erzogen, angenehm und in der Schule erfolgreich. Mario besuchte sie, bis es zum Streit kam, und sie jeden weiteren Kontakt mit ihm ablehnte.

Nun kannte er seine Mutter, aber er hatte sie damit für immer verloren.

Heinos Zimmer

Er kam unregelmäßig zur Schule. Er werde eingeschlossen, immer wenn seine Mutter ihren neuen Freund besuche. Mir erschien Heino zutraulich, aber auch phantasiebegabt, ich traute seinen Erzählungen nicht. Was stimmte, was hatte er sich ausgedacht? Weil er aber in der Schule mehr und mehr versagte, sich kaum noch beteiligte und immer zerknautscht daherkam, besuchte ich Mutter und Sohn. Die Mutter war »Budikerin«, hatte eine Kneipe gepachtet, in der bereits am Mittag die Luft aus Biergläsern zischte. In der Kneipe trafen sich die Arbeitslosen des Kiezes, die oft auch noch Mitglieder des traditionellen Sparvereins[5] waren. Die Wohnung war unmittelbar vom Lokal aus zu betreten.

Weil die Kneipe immer geöffnet hatte, blieb Heino sich selbst überlassen. Die Mutter musste den Betrieb besorgen, bedienen, bestellen, sauber machen. Täglich hatte sie damit zu tun. Sie beschrieb mir ihren Alltag eindrucksvoll, sah jedoch ein, dass sie Heino nicht aus den Augen verlieren dürfe. »Mit seine Fisematenten is nu Schluss, so blöd wie der jezz scho is, wird mir der ooch noch ssum Penner!« Sie versprach, Heino jeden Tag zur Schule zu schicken. Es änderte sich trotzdem nichts.

Da die Kneipenwohnung auf meinem täglichen Weg lag, kamen wir überein, dass ich Heino morgens abholen würde, um ihn in die Schule mitzunehmen. Das ging lange gut. Einmal stand dann Heino nicht am verabredeten Treffpunkt. Ich klingelte an der Wohnung. Die war verrammelt und verriegelt, Heino offensichtlich dahinter gefangen. Er konnte nicht raus. Wo war die Mutter, warum hielt sie sich nicht an unser Abkommen? Etwas außerhalb der Legalität konnte ich ein Fenster der Parterre gelegenen Wohnung öffnen und stieg ein. Ich fand Heino schlafend zwischen gebunkerten Schnapsflaschen auf einer zerschlissenen Pritsche liegen. Ein eigenes Zimmer hatte er nicht. Ich musste das Jugendamt informieren.

---

[5] Sparvereine waren in der Zeit der Sozialistenverfolgung im Kaiserreich eine gute Tarnung der politischen Tätigkeit der verbotenen Organisationen. Auch Kriminelle nutzten diese Tarnung, um sich ungestört zu treffen, und tatsächlich wurde in Kneipen bis in die 1980er Jahre hinein gespart. Im Laufe des Jahres konnten sich beträchtliche Summen bilden, wenn immer jemand die Kneipe besuchte, tat er etwas Geld in einen aufgehängten Sparkasten. Die Auszahlung der angewachsenen Spareinlagen um die Weihnachtszeit war für den gesamten Sparverein ein festlicher Anlass.

Armut

Karin bekam von ihrer Mutter einen Entschuldigungszettel: »Hiermit möchte ich Karin entschuldigen. Sie konnte nicht zur Schule kommen, weil wir hatten nichts mehr zu essen. Und mit leerem Bauch lernt es sich bekanntlich schlecht.« Karin fehlte häufig.

Ein anderes Erlebnis ruft folgende Bilder in mir wach.

Vor meiner Bürotür erhob sich Toben und Geschrei, wild mit den Händen fuchtelnd verfolgte die Mutter ihre Tochter durch die Schulflure. Die Mutter war beleibt. Das betonte sie noch durch die besonders enge Kleidung. Sie trug Hausschuhe, deren Kappen vorne abgeschnitten waren, um den Zehen Platz zu geben. Unter Mühen konnte ich die Familienfehde ins Amtszimmer verlegen. Der Vorfall war ebenso peinlich wie auffällig, alle sprachen darüber. Es stellte sich heraus, dass während eines Familienstreits um Geld, das die Familie gar nicht hatte, die Wohnungseinrichtung zertrümmert wurde, der Fernseher aus dem Fenster flog, Scheiben zu Bruch gingen. Die Familie wohnte nicht weit von der Schule entfernt. Deshalb versuchte die Tochter in die Schule zu flüchten, um Schutz zu suchen. Die Mutter wollte sie einfangen, in der irrigen Absicht, so den Ruf der Familie zu retten.

Bulent war immer gleich gekleidet, wenn er in die Schule kam. Das wurde ihm offenbar peinlich. Er fehlte häufiger, ohne sich zu entschuldigen. Immer wieder hatte er mit der Polizei zu tun. Wir bedauerten das, war er doch ein höflicher und hilfsbereiter Junge, dessen praktische Fähigkeiten und Umsicht in der Werkstattarbeit bemerkenswert waren. Nach dem Praktikum ist ihm eine Lehrstelle als Koch angeboten worden. Das war so selten wie Schnee im August! Seine türkische Mutter kam öfter in die Schule. Sie hatte schwere gesundheitliche und körperliche Probleme, konnte nur noch schwer laufen und hinkte stark. Sie war arbeitslos geworden. Sie berichtete uns von ihrem Unglück: Über ihrer Wohnung hatte es gebrannt, das Löschwasser war in die Wohnung eingedrungen und hatte den gesamten Hausrat vernichtet. Sie war ebenso wenig versichert wie ihre Mitmieter. Nun musste sie zum Sozialamt. Sie fand nach wochenlangen Bemühungen eine neue Wohnung, die ihren kargen Möglichkeiten entsprach.

Die Familie lebte inzwischen mehr schlecht als recht vom Sozialamt. In einer Möbelkammer konnten Bezieher von Sozialhilfe gebrauchte Möbel bekommen. Fand sich dort nichts, durfte man noch zweimal kommen. War dann wiederum kein passendes Bett, kein Stuhl oder Schrank dabei, verlor der Bezugsschein seine Gültigkeit. Infolgedessen hatte Bulent kein Bett, er musste auf dem Fußboden schlafen.

Während einer ihrer vielen Ämtergänge wählte Bulents Mutter aus Versehen nur den Kurzfahrschein und wurde prompt als Schwarzfahrerin zur Kasse gebeten, weil sie mehr als drei Stationen gefahren war. 50 Euro Strafe, das Sozialticket für die öffentlichen Verkehrsmittel hatte man in Berlin gerade abgeschafft. Die gesamte Summe auf einmal zu zahlen, war ihr unmöglich. Sie ließ jeweils 10 Euro pro Monat abbuchen. Zur täglichen Versorgung holte sie wöchentlich 20 Euro vom Konto, damit sie nicht in Versuchung geriet, mehr auszugeben. Bulent bekam kein Taschengeld, also begann er zu stehlen.

Weihnachten erreichte Bulents Mutter ein hochsensibler Brief der Berliner Verkehrsbetriebe BVG: »Lieber Kunde, da wir wissen, dass ihr Arbeitgeber Ihnen Weihnachtsgeld zahlt, würden wir sie bitten, den Restbetrag ihrer Strafe uns nun zu überweisen.« Die Stromrechnung für Dezember war auch nicht bezahlt, es drohte Stromsperre. Ich machte ihr ein Weihnachtsgeschenk und übernahm die Rechnung. Später wollte sie mir das Geld unbedingt zurückgeben. Ich beharrte darauf, ihr ein Geschenk gemacht zu haben. Nun schenkte sie mir einen hübschen selbst genähten Einkaufsbeutel, den sie aus Stoffresten hergestellt hatte. Sie konnte hervorragend nähen. Damit aber konnte sie sich nicht ernähren. Sie versuchte, schwarz zu arbeiten, um zu überleben.

Dieses seien Einzelfälle? Das sei übertrieben? Blind ist derjenige, der nicht sehen will, was der Fall ist in Neukölln und anderswo!

Abgestürzt

Mariusz' (Mariusch gesprochen) Mutter war als Umsiedlerin aus Polen nach Berlin gekommen und hatte hier ihren Sohn geboren. Er wollte Marius genannt werden, mochte es nicht, wenn man ihn auf seine polnische Herkunft ansprach. Wenn seine Mutter polnisch mit ihm redete, dann wandte er sich rasch ab. Schule beschäftigte ihn nicht sehr, er begriff schnell, er musste sich nicht anstrengen. Langeweile bekämpfte er, indem er ununterbrochen Geschichten erzählte, die Kollegen mit Fragen löcherte. Er plante phantastische Reisen.

Einmal entdeckte er bei einem Streifzug mit seinem Freund auf der Dachterrasse eines Hauses am Reuterplatz Pflanzen des Typs Cannabis sativa. Neugierig angeregt wollten die beiden 15 Jahre alten Jungen nun wissen, wer dieses indische Gewächs in Neukölln zu so ansehnlicher Blüte gebracht hatte.

Sie kletterten auf das Flachdach eines benachbarten vierstöckigen Wohnhauses, sprangen dann auf einen darunter liegenden Balkon. Dort fielen sie gleichsam vor die Füße der zufällig anwesenden Bewohnerin, der vor Schreck ein Glas aus der Hand fiel. Wie konnte sie auch im vierten Stock mit einem derartigen Besuch rechnen? Als sie sich gefangen hatte, forderte sie merkwürdig unaufgeregt die Jungen auf, sie möchten doch so, wie sie raufgekommen seien, auch wieder gehen.

Die Jungen fügten sich, sie hatten ein schlechtes Gewissen. Sie kletterten wieder aufs Dach, dabei konnte Mariusz sich nicht halten, rutschte ab und krachte aus dem vierten Stock auf das Straßenpflaster. Er wurde bewusstlos ins Krankenhaus gebracht. Dort musste er viele Monate bleiben und wurde immer wieder operiert. Man versuchte, sein zerschundenes Gesicht kosmetisch wieder herzustellen. Das gelang nur zum Teil, es blieb entstellt. Als er wieder in die Schule kam, wurde er anfangs bestaunt und bewundert, später konnte er es nicht aushalten, wenn die Mitschüler ihm zuriefen, »Escht Alter, inne Horrorshow wärste der King«. Die Mutter nahm ihn aus der Schule und ging mit ihm in einen anderen Stadtteil.

Kinder, Kinder…

»Das ist bei uns üblich«, sagen sie, wenn sie begründen, weshalb sie ihre unmündigen Kinder miteinander verheiraten. Zoran war 15, seine Frau 16 Jahre, als sie nach Roma-Sitte heirateten. Er war kindlich, eben in der Pubertät angelangt, sie war bildhübsch und hatte gerade die Realschule verlassen müssen. »Zur Vermeidung von sozialen Härten« hatte man das Paar von der Schulpflicht befreit. Gleichwohl konnten sie am Unterricht teilnehmen, wenn sie wollten.

Zoran kam selten, er musste beim Putzen helfen, wenn Vater und Mutter ihre Arbeit nicht mehr schafften. Die Familie putzte auch die Praxis des Hausarztes. Dem konnte nicht verborgen bleiben, wie häufig die Kinder mitarbeiten mussten, er unternahm jedoch nichts. Die Eltern stritten ab, ihre Kinder zur Arbeit zu zwingen und sie damit der Schule fernzuhalten. Zorans Frau bekam bald ein Kind. Als sie noch in die Schule gehen konnte, schwankte sie zwischen Abscheu und Hass zu ihrem Jungen. Nur eine Flucht in eine geschützte Einrichtung hätte helfen können, zum Bruch mit ihrer Familie war sie nicht bereit. Sie resignierte und fügte sich.

Bei einem Hausbesuch sah ich Zoran und seine Partnerin in ihrem neu eingerichteten Schleiflack-Schlafzimmer angezogen im Bett liegen, zwischen ihnen thronte das Baby wie eine Puppe. Der Fernseher lief. Sie sprachen nicht miteinander, sie sagten nichts zum Kind, nur die Glotze flimmerte und belebte die Szene.

Zwangsehen unter Kindern und Jugendlichen sind besonders in Roma-Familien aus dem ehemaligen Jugoslawien üblich. Die Mädchen werden gegen Geld verheiratet. Die Familien wissen sehr genau, dass dies weder in Jugoslawien noch in Deutschland gestattet ist. Es fehlt auch jede materielle Begründung für solche Art von Ehen. Dann kommen die Babies. Ich habe aufgehört, sie zu zählen. Alle Mädchen waren der Meinung, es mit Hilfe ihrer Eltern zu schaffen. Alle scheiterten und waren überfordert.

Sonja kam regelmäßig zur Schule, sie war beliebt in ihrer Klasse. Eines Tages erhielt die Klassenlehrerin einen Anruf: »Unsere Tochter kommt ein paar Tage nicht. Sie hat uns einen Kuckuck ins Nest gelegt.« Sonja hatte zu Hause ein Kind zur Welt gebracht. Von der Schwangerschaft hatte niemand etwas bemerkt. Die hatte sie verdrängt – ein verbreitetes Phänomen. Sonja war gerade in der achten Klasse, ein Mitschüler, der unregelmäßig die Schule besuchte, war der Vater. Er floh und entzog sich, er war konsterniert und völlig überfordert von der Situation. Sonja stürzte sich nun in die Arme eines türkischen jungen Mannes und bekam ein zweites Kind. Der Vater des ersten Kindes hielt losen Kontakt zu dem Mädchen. Das wiederum machte den neuen Freund rasend. Er tobte durch das Schulgebäude und wollte seinem vermeintlichen Widersacher »die Eier abschneiden«. Wir konnten ihn beruhigen, sodass er wenigstens uns in der Schule verschonte. In der Familie von Sonja aber besserte sich nichts. Mit Hilfe des Jugendamtes kam das Mädchen in eine Einrichtung für Mutter und Kind.

Normal sein

Mitschüler hatten Angst vor ihm. Wenn er aufbrauste, konnte er sich kaum noch steuern. Einmal warf er in der Klasse wahllos Tische und Stühle um sich, traf beinahe ein Mädchen, das er eigentlich sehr verehrte, weil sie ihn irgendwie schrecklich provoziert hatte. Im Büro schaffte er es beinahe, den schweren Bürotresen umzuwerfen, Papier flog durch die Gegend, die Sekretärin ging in Deckung. »Schule ist Scheiße«, rief er, rannte durch das Schulhaus, zerschlug mit der bloßen Faust eine Scheibe. Als er dann auf dem Schulhof tobte, bestaunten ihn seine neugierig herbeigeeilten Mitschüler. Das machte ihn noch wütender, da nun alle sahen, wie dramatisch sich seine Schrauben gelockert hatten. Als endlich die Mitschüler seine Störung verstanden, sprachen sie auf ihn ein, versuchten ihn wegzuziehen. Nun schlug er mit einem Gegenstand auf sich selbst ein und brach weinend zusammen. Schließlich folgte er mir ins Büro.

Mike ging vor 17 Jahren an die Rütli-Schule. Er sah gut aus, sprach gerne und viel, wenn er sich aufregte, stotterte er. Eines Tages gab mir Mike ein kleines Taschenmesser und bemerkte scheinbar beiläufig, wie scharf es sei, und dass er mir vertraue. Ihn entsetzten die eigenen Gewaltschübe. Er entschuldigte sich schon im Vorhinein bei seinen Mitschülern, ohne dass sie ihn jemals dazu aufgefordert hätten. Zu Hause war er ruhelos, schlief oft ganze Nächte gar nicht. Dann räumte er sein Zimmer um. Das störte wiederum die Nachbarn. Seine Mutter machte ihm beleidigende Vorwürfe, das führte zu Gebrüll, Geschirr zerbrach, nichts ging gut. Mike landete in der Kinder- und Jugendpsychiatrie Wiesengrund,[6] in der die geschlossene Abteilung zugleich die forensische war. Die Klinik und insbesondere die geschlossene Abteilung konnte er nicht ertragen. Er litt unter der chemischen Zwangsjacke. Die jungen Patienten wurden unter Haldol[7] gesetzt, wenn sie sich widersetzten, spritzte man sie ruhig und sperrte sie in eine unmöblierte Zelle. Das machte man auch mit Mike, ohne seine Widerständigkeit brechen zu können.

Wie es mit ihm weitergehen sollte, wusste er nicht, wusste die Mutter nicht, die Klinik wusste gar nichts über ihn. Für die Ärzte war sein Widerstand »schlechtes, nicht akzeptierbares Verhalten«. Mikes Erklärungsversuche verstanden sie nicht, sie versuchten sie zu widerlegen. Was aber, wenn Mike Recht gehabt hätte? Dieser Gedanke kam nicht auf.

Ich besuchte ihn häufig; denn mir hatte man erlaubt, ihn mit nach draußen zu nehmen. Wir gingen an die Mauer und erlebten ihren Durchbruch am Brandenburger Tor. Mike staunte und fragte mich zur Mauer und ihrer Geschichte aus. Ihn interessierten der Aspekt des Ausbruchs und daran anschließend die Frage, ob das *Wohin* den Ausbrechenden be-

---

[6] Besser Situierte ließen ihre Kinder eher in die *Schlosspark-Klinik* überweisen.

[7] Haloperidol ist ein Neuroleptikum mit doppelter Wirkung: Akut wirkt es dämpfend und sedierend bei Erregungszuständen, längerfristig wird es als Therapie eingesetzt. Man behandelt damit Psychosen und verspricht sich davon, Schizophrenie nachhaltig zu behandeln. In den 1970er Jahren riefen sich ehemalige Patienten zu, wenn sie unter Entzug litten: »Ohne Kohle kein Haldole«.

kannt sei. Wir sprachen oft über sein Leben, das sich zwischen Heimen, Pflegeeltern und ab und zu bei der leiblichen Mutter abspielte. Nirgendwo willkommen, erfuhr er Gewalt, Verachtung. Alle hätten immer nur *schlechte Laune*, sagte er mir. Sein Pflegevater sei Psychologe, dessen Frau Lehrerin. Sie hatten zwei eigene Kinder, und ihn nahmen sie auch noch auf. Meist durfte er an den gemeinsamen Mahlzeiten jedoch nicht teilnehmen, weil er zu *peinlich* sei, wurde ihm gesagt. Er wurde geschlagen und gedemütigt. Dafür habe es wohl Gründe gegeben, an die er sich jedoch nicht erinnern könne. Den leiblichen Kindern der Familie war er nie gleichgestellt.

Irgendwann flippte er aus und kam wieder in ein Heim, die Psychiater bemühten sich, erreichten aber nichts. Mike sagte mir einmal: »Wär' doch gut, ich wäre verkrüppelt, dann würde sich niemand über mich aufregen, dann wär' ich normal«. Jahre nach seiner Schulentlassung besuchte er mich, schilderte seine Abhängigkeit von Drogen. Das sei nun vorbei. »Ich hab jetzt einen Plan«, sagte er mir.

Straßenkampf

Mein Büro lag direkt zur Rütlistraße. Wenn Konflikte aufkamen, konnte ich sie frühzeitig erkennen. Fremde versammelten sich auf der Straße vor der Schule, Passanten blieben stehen, die Schüler zeigten gesteigerte Unruhe. Es lag oft was in der Luft.

Vor den eigentlichen Auseinandersetzungen erhielt ich oft anonym den einen oder anderen Hinweis, so als seien Schüler interessiert, dass wir präventiv intervenierten. Dann begannen meist aufwendige und anstrengende Aktionen: Wir mussten recherchieren, vertrauliche Gespräche an unterschiedlichen Orten führen. Die Konfliktparteien kontaktieren, um ein

Einverständnis über Regeln des Konflikts zu erreichen. Inzwischen schwelte der Konflikt weiter.

Nicht immer aber wussten wir Bescheid. An einem Freitag hatte die Realschule nach der fünften Stunde Unterrichtsschluss. Alle schienen sich zu freuen, darauf ließ der Lärmpegel schließen. Wir hatten uns getäuscht, der Lärm bezog sich auf eine veritable Prügelei. Diese war auf der Straße vor meinem Fenster begonnen worden, verlagerte sich aber allmählich um die Straßenecke, entschwand somit meinem Blickfeld. Ich wollte feststellen, ob Schüler unserer Schule an der Schlägerei beteiligt waren. So hastete ich auf die Straße, den Prügelnden hinterher. Auch der Schulleiter der Realschule eilte mit seinem Konrektor herbei, gemeinsam stellten wir fest, wer den Streit angezettelt hatte. Vor allem zwei Jugendliche stellten wir als Verursacher fest, am nächsten Tag wollten die Kollegen *Maßnahmen* beschließen. Jetzt mussten sie eine wichtige Konferenz besuchen.

Jedoch lungerten Jugendliche weiter am Kampfplatz herum, als erwarteten sie eine Entscheidung. Plötzlich loderte der Konflikt erneut auf. Mit dem Handy hatten die Jugendlichen ihre Gruppen mobilisiert. Man begann, bewaffnet mit Gegenständen aus dem Sperrmüll – Kronleuchterteilen, Latten, Gardinenstangen – aufeinander einzuschlagen. Aus umliegenden Wohnungen stürmten junge Menschen, trotz des Winters nur mit Hausschuhen und Unterhemden bekleidet, auf die Straße und beteiligten sich engagiert am Streit. Wer zu welcher Partei gehörte, blieb mir unerfindlich. Um schnell einen Gegner attackieren zu können, sprangen sie immer wieder auf die Motorhaube meines Autos.

Ich rief mit meinem Mobiltelefon die Polizei. Die Mädchen kreischten, es flogen Steine, jemand rief: »Die haben Waffen!« Einige Mädchen klammerten sich ängstlich zitternd an mich. Ich dachte an Bürgerkrieg. Die Männer der Einsatzzentrale waren kaum zu verstehen, ich stellte mich als Schulleiterin vor, wolle ihnen erklären, wie ernst die Situation sei. Inzwischen liefen Jungen und auch einige Erwachsene die Straße auf und ab. Sie prügelten, warfen mit Steinen, brüllten unartikuliert, randalierten. Ich wusste nicht warum, alle, die ich fragte, wussten es auch nicht.

Nach zehn Minuten trafen endlich einige Wannen[8] der Polizei mit Sirenengeheul ein. Wie ein Spuk vorübergeht, so war die Straße in Sekunden wie leergefegt. Nur einige Mädchen verharrten auf dem Kampfplatz. Ich hatte drei junge Erwachsene in ein nahe gelegenes Wohnhaus rennen sehen und bat die Beamten, dort nachzuschauen. Die Polizei durchsuchte das gesamte Haus – natürlich Fehlanzeige, die saßen sicher längst wieder in ihrer warmen Wohnung.

Die Beamten fragten warum, weshalb, wieso? Ich konnte ihnen nichts sagen. »Bringen Sie sich nicht in Gefahr« – mit diesem guten Rat begaben sie sich wieder auf ihre Wache. Ich blieb ratlos zurück. Sollte ich in Zukunft wegschauen, einen Bodyguard beantragen. Sollte ich zu Hause bleiben? *Wer nicht helfen kann, sollte nicht raten,* geriet mir Adornos kluger Satz in den Sinn – gleichsam ein Kopfschuss besonderer Güte. Ich hatte die Schnauze voll, mein Auto hatte eine Beule, geklärt war nichts. Später hieß es, »Täter waren nicht zu ermitteln.« Im Büro merkte ich, dass ich zitterte.

Der Staatsanwalt hat das Wort

Ein Mann war in seinem Hausflur zusammengeschlagen und beraubt worden. Wochen später stirbt der Mann an den Folgen des Überfalls. Hassan wird aufgrund von eher vagen An-

---

[8] Kiez-Bezeichnung für die Mannschaftswagen der Polizei.

gaben verhaftet. Er ging in die zehnte Klasse unserer Schule – ein auffälliger, aber friedfertiger Schüler. Mit Goldkettchen behängt, bot er Anlass zu Frotzeleien, man sprach davon, er sei *beteilig*t. Woran, das wusste man nicht zu sagen, es gab niemals mehr als Gerüchte über sein Leben außerhalb der Schule.

Nach einem Betriebspraktikum stand jedoch fest, dass Hassan eine größere Anzahl MP3-Player aus seinem Praktikumsbetrieb gestohlen hatte. Man fand Verpackungen, die seine Fingerabdrücke aufwiesen. Weil ihm schon vorher kriminelle Aktionen vorgeworfen worden waren, hatte man bereits seine Fingerabdrücke. Hassan galt als Intensivtäter. Nach dem Überfall konnte die Polizei ihn zunächst nicht finden. Als sie schließlich die Wohnungstür der elterlichen Wohnung aufbrechen wollte, kam der Vater und ließ sie ein. Weil der Vater der Schule vertraute – sie hatte sich immer fördernd für Hassan eingesetzt –, bat er die Klassenlehrerin um Hilfe. Als auch der Rechtsanwalt – Hassan war inzwischen festgenommen worden – die Schule um Unterstützung ersuchte, verfasste eine Kollegin einen Bericht über Hassan. Sie beschrieb, wie er beharrlich und mit Freude daran gearbeitet hatte, einen erweiterten Hauptschulabschluss zu schaffen, wie er seine Mitschüler ermutigt hatte, das gleiche zu tun. Die Untersuchungshaft gefährde seinen Schulabschluss, das Gericht möge doch veranlassen, dass Hassan diesen erreichen könne. Seine Rehabilitationschancen seien mit Abschluss weitaus günstiger als ohne.

Die Staatsanwaltschaft fasste alles anders auf: »Die Einbindung des Angeschuldigten H. in den Klassenverband der Klasse 10 der Rütli-Oberschule, Berlin Neukölln, erscheint ebenfalls nicht geeignet, ihn zu einer Aufarbeitung seiner Schuld und zu einer Abkehr seiner kriminellen Laufbahn zu bewegen. In demselben Zeitraum, in dem H. als Liebling seiner Klasse erfreuliche schulische Leistungen erzielte, wurde er fortlaufend straffällig. Die Schulpflicht hinderte ihn somit nicht daran, sich als ›Feierabendganove‹ hervorzutun. Die Erbeutung materieller Vorteile durch Straftaten scheint für ihn eine notwendige Ergänzung seines schulischen Engagements zu sein. Falls durch seine Lehrer humanistische Werte vermittelt werden sollten, ist er zumindest nicht in der Lage, diese zu verinnerlichen und zur Maxime seines Handelns zu machen. Die in den Taten zum Ausdruck kommende moralische Gleichgültigkeit des Angeschuldigten H. ist angesichts seiner Intelligenz nur umso erschreckender und zeigt das Erfordernis einer lang andauernden pädagogischen Einwirkung innerhalb einer geschlossenen Erziehungsanstalt auf. Weder seine Klassenlehrerin noch seine Mitschüler sind in der Lage, ihm bei der notwendigen Formung und Reifung seiner Gesittung eine Hilfestellung zu geben. Die von diesen an den Angeschuldigten H. während dessen Inhaftierung übersandten Briefe erschöpften sich in reinen Solidaritätsadressen und Durchhalteparolen. Seine Klassenlehrerin ignoriert die Tatvorwürfe völlig und vertritt anscheinend die Auffassung, ihre Aufgabe bestehe lediglich darin, ihren Zögling vor vermeintlichen Übeln zu schützen und ihm Trost zuzusprechen, während es Sache der Justiz sei, vermeintlich unliebsame Maßnahmen zur Verdeutlichung derjenigen Normen zu ergreifen, die für ein gedeihliches menschliches Zusammenleben konstituierend sind. Es ist nicht ersichtlich, dass die Themen Intensivtäter, Jugendgangs, Raubüberfälle auf ältere Mitbürger etc. auch nur ansatzweise in der Schule des Angeschuldigten H. behandelt werden.

Sobald der Angeschuldigte begriffen haben wird, dass ihm eine mehrjährige Jugendstrafe droht, wird er mit Unterstützung seiner Familie Anstalten machen, sich in die Türkei zu dort lebenden Verwandten abzusetzen...«

»Der kennt mich doch gar nicht«, sagte die Lehrerin entsetzt zu diesen Einlassungen. Dass die Schule totalitärer sein müsse, wenn sie humanistischen Gedanken zum Durchbruch verhelfen solle, ist allerdings eine erschütternde Einsicht in das Denken deutscher Staatanwälte am Beginn des dritten Jahrtausends.

Das Gericht sprach den Jungen frei.

Es geht auch anders

Am 18. Oktober 1963 wurde das Jugendheim »Haus Wetzlar« in der Rütlistraße 2/3 eingeweiht. Zunächst verlief der Betrieb ruhig. Die Öffentlichkeit nahm das Jugendheim kaum wahr. Die Schulklassen der Rütli-Schule feierten regelmäßig in dem großen Saal des Heims. 1970 wurde »Tanz und Beat auch am Wochenende« angeboten, doch schon 1972 wurden diese Veranstaltungen wegen »ständiger Schlägereien« wieder eingestellt. Es war die Zeit der modevernarrten Popper und der Mods, die gerne mit Sixpacks daher kamen. Ende der 1970er Jahre wurde das Heim zu einer Einrichtung der offenen Kinder- und Jugendarbeit.[9]

Inzwischen waren ein Drittel der Besucher Kinder türkischer Herkunft. In den 1980er Jahren schließlich kamen kaum noch Jugendliche deutscher Herkunft in das Haus. Zu den türkischstämmigen Jugendlichen gesellten sich nun Araber, Albaner und Jugendliche aus den Nachfolgestaaten Jugoslawiens hinzu. Die Mitarbeiter beschrieben das Haus als »beson-

[9] Vgl.: Ursula Bach in: Dies./C. Hüge: Wo Neukölln auf Kreuzberg trifft – Das Reuterquartier im Wandel. Hrsg. vom »Quartiersmanagement Reuterplatz« im Rahmen des Programms »Soziale Stadt« der Senatsverwaltung für Stadtentwicklung, Berlin 2004, S. 95.

ders hartes Pflaster«, ihre Arbeit empfanden sie als knallhart. Sie beklagten, dass die Jugendlichen keine Berufschancen hätten, dass es ihnen zwischen den Kulturen selten gelinge, eine persönliche Identität auszubilden.

Sie zeichneten jedoch auch das Bild eines gleichsam lebendigen Hauses, das von den jungen Menschen an- und eingenommen wurde. Jugendliche besuchten es, die sich verstoßen und abgelehnt vorkamen, zumal ihnen in Discos und anderen Veranstaltungsorten Geld abverlangt wurde, das sie sich auf legale Weise niemals verschaffen konnten.

In den 1980er Jahren initiierten die Jugendlichen eine »Freitagsdisco« im Haus, die bald weit über Neukölln hinaus bekannt wurde. An Freitagen kamen zwischen 300 und 500 überwiegend Jugendliche nichtdeutscher Herkunft. Weil gewalttätige Auseinandersetzungen im Laufe der Zeit nicht mehr zu beherrschen waren, musste die Disco geschlossen werden. Erst in den 1990ern lebte sie wieder auf, blieb aber nur eine müde und gering frequentierte Reprise.

Einige der Jugendlichen waren politisch interessiert und aktiv: Zweimal im Jahr organisierten sie Diskussionsveranstaltungen, Ausländerintegration, Ausländerwahlrecht und Jugendarbeitslosigkeit waren Gegenstände lebhafter Kontroversen.[10] Ich erinnere mich an den Beitrag eines Rütli-Schülers, der während einer dieser Veranstaltungen beklagte: »Ich habe einen deutschen Pass. Meine Augen sind schwarz, meine Haare sind schwarz. Ich werde immer als Ausländer angesehen und komme in viele Discos nicht rein. Diese Erfahrung will ich nicht mehr machen.« Er bekam tosenden Beifall – sein Problem ist bis heute nicht gelöst.

Fußball, Foto, Mädchenfitness und Computerkurse wurden für Gruppen angeboten. Es trafen sich eine deutsche und

---

[10] Ebd., S. 95.

eine türkische Mädchengruppe. Ein von einer Türkin angeleiteter »türkischer Kreis« beschäftigte sich mit Handarbeiten; hätte es dieses Angebot nicht gegeben, die Mädchen hätten das Jugendheim nicht betreten dürfen. Türkischen Mitarbeitern gelang auch die Integration einiger Mitglieder der Jugendgangs »Reuters« und »Spinne«, die teilweise berüchtigt waren, in die Arbeit des Hauses. Sie zielten mit Ansprache und Angeboten so erfolgreich auf Stolz und Ehrgeiz der Jugendlichen, dass einige von ihnen sich entschlossen, ihren Schulabschluss nachzuholen.[11]

In den Jahren 1998 bis 2000 kam es auf Initiative des damaligen Jugendstadtrates und heutigen Bürgermeisters des Bezirks Neukölln, Heinz Buschkowsky, zu einer Umgestaltung des Hauses. Das neue Konzept sah vor, die Kinder- und Jugendarbeit zusammenzulegen. Die älteren Jugendlichen sollten fortan in den neu gegründeten *Outreach*-Stadtteilläden[12] einen sozialen Ort finden.[13] Das wollten diese keinesfalls. Einige baten mich um Hilfe, weil sie *ihren* Jugendclub nicht aufgeben mochten. Auch kritisierten die Jugendlichen die Einführung eines Lichtbildausweises als Eintrittskarte für den Jugendclub. Sie fühlten sich in ihrem eigenen Stadtteil diskriminiert und ausgegrenzt. Hilfe suchend wandten sie sich erfolglos an die Presse. Während des Wochen dauernden darauf folgenden Protestes gingen ungezählte Scheiben zu Bruch. Aber auch das blieb ohne ein Ergebnis, das die Jugendlichen hätte zufrieden stellen können.

---

[11] Ebd., S. 96.

[12] Es handelt sich bei *Outreach* um ein Konzept aufsuchender Stadtteilarbeit für Jugendliche. Träger des Projektes ist der »Verband für sozialkulturelle Arbeit e.V. mobile Jugendarbeit« im Kiez Reuterplatz und im Gebiet rund um die Schillerpromenade und die Warthestraße.

[13] Ursula Bach, a.a.O., S. 96.

Anfang 1999 zog dann der Verein »Fusion e.V.« mit seinen Projekten »Offene Kunstwerkstatt« und »Job statt Sozialhilfe« in das Haus ein. Die Initiatoren des interkulturellen Vereins, Martha und Wolfgang Janzer, hatten sich schon 1994 für den »Karneval der Kulturen« engagiert und bauten nun mit den Jugendlichen Großfiguren für den Karneval, an dem sie mit etwa 150 Jugendlichen jährlich teilnahmen. 2003 bekamen sie für ihren Auftritt einen Preis. 1999/2000 gestaltete »Fusion« gemeinsam mit Jugendlichen die Fassade neu, sie wurde in den Kontrastfarben rot und blau gestrichen, Zirkusfiguren traten aus ihr heraus. Der Klub wurde folgerichtig in »Manege« umbenannt.

2002 übernahm »Fusion« gemeinsam mit der Arbeiterwohlfahrt die »Manege« in freier Trägerschaft, und die Arbeiterwohlfahrt begann, berufsvorbereitende Maßnahmen durchzuführen.[14] 2003 wurde hier die erste »Jugendstraße Europas« eingerichtet, deren Eingang zwei knallbunte riesige Ochsenfrösche zieren, die in der »Manege« gefertigt wurden. Die Rütli-Straße wurde deshalb für den Autoverkehr gesperrt und zu einem Aktionsraum für Kinder und Jugendliche erweitert. Unterstützung fand das Projekt durch das »Quartiersmanagement Reuterplatz«. Seitdem vernetzten sich die Schulen und die Kita in der Rütlistraße mit dem Jugendclub und dem Quartiersmanagement. Es gab regelmäßige »runde Tische«. Zahlreiche Straßenfeste sprachen die Bevölkerung an, die das Treiben in der Straße bis dahin misstrauisch betrachtet hatte.

Die Rütli-Schule fand sich mit »Fusion« zu einem Kunstprojekt in der Schule zusammen. Schülerinnen und Schüler machten die Flure gemeinsam mit der Kunstlehrerin und »Fu-

---

[14] Ebd.

sion« zum Kunstraum, ein Lebensbaum rankte sich vom dritten bis in den zweiten Stock, drapiert mit Masken. Es fehlte nur noch die farbliche Gestaltung. Da erschien die Baubehörde und beschied: Aus feuerpolizeilicher Sicht sei das Projekt nicht möglich, der Baum und die Masken seien aus Pappmaché, das könnte in Brand geraten. Um dem aus dem Weg zu gehen, wurde beschlossen, das Kunstwerk mit Gips zu überziehen. Der aber kostete Geld, das keiner aufbringen konnte. Da sich auch kein Sponsor fand, drohte der Abriss. Wir bemühten uns, der Behörde zu erklären, dass der Abriss des Werkes die Kosten für den Gips überträfe, die behördlichen Eulenspiegel aber rissen ab, was die Jugendlichen in Monaten erarbeitet hatten.

Im Juli 2006 war die Weiterarbeit von »Fusion e.V.« nicht mehr sicher, der Mietvertrag für das ehemalige »Haus Wetzlar« mit dem Bezirksamt Neukölln lief aus, der neue Vertrag sollte nur über ein Jahr laufen. Derzeit führt »Fusion« die »Manege« weiter. Einen Mitbewerber hat es – wie auch an der Rütli-Schule – nicht gegeben.

Tanz und T-Shirts

Der Rütli-Schwur – Das Original

Der Rütli-Schwur
Wir wollen sein ein einzig Volk von Brüdern,
in keiner Not uns trennen und Gefahr.
Wir wollen frei sein, wie die Väter waren,
Eher den Tod, als in der Knechtschaft leben,
Wir wollen trauen auf den höchsten Gott
Und uns nicht fürchten vor der Macht der Menschen.
(Friedrich Schiller, Wilhelm Tell, Zweiter Aufzug, 2. Szene)

Allmählich gelingt mir eine Distanz zur Schule, der Alltag läuft geordnet. Die Gedanken, vor allem Träume handeln nicht mehr von der pädagogischen Front, an der ich lange 36 Jahre versuchte, meine Stellung zu halten. Der Amtsarzt hat meine Dienstunfähigkeit festgestellt, die Behörde teilte mir mit, dass ich in den Ruhestand versetzt werde.

Die Warterei hat nach 35 Wochen ein Ende, mein preußisches Pflichtbewusstsein und das damit verbundene schleichende schlechte Gewissen darf ich nun abschalten.

Gerade haben mich drei Kolleginnen zu Hause besucht. Videofilme von unserem 75-jährigen Schuljubiläum, die ich beim Ausmisten meiner Schulsachen gefunden habe, waren uns eine gute Unterhaltung. Die Aufnahmen sind nun 23 Jahre alt. Wir haben viel gelacht. Aus Andeutungen höre ich von Schwierigkeiten im Schulalltag. Sie berichten von einem Brief an die Schulrätin, die um so vieles anders sei als die eben Pensionierte. Daraus vermag ich nichts zu schließen. Mich geht das ja nichts mehr an. Lachend verabschieden wir uns.

Am 30. März 2006 weckt mich gegen acht Uhr das Klingeln des Telefons. Als ich meinen Traum abschüttele – ohne mich an ihn zu erinnern –, um zum Hörer zu greifen, hat der Anrufer schon aufgelegt. Der Traum kehrt in mein Gedächtnis zurück: Ich träumte, die Schule zu besuchen, aber ich finde nur schwer Einlass. Alles ist verschlossen. Endlich dringe ich bis in das Büro vor, in dem ein fremder Schulleiter am Telefon hängt, lauthals und frech Beschwerde führt. Er stellt seiner Behörde Forderungen.

Die Realität wird den Traum übertreffen. Als ich eine SMS erhalte, »Du Pyromane, guck mal in die Tageszeitung«, beginnt die Realität meinen Angsttraum einzuholen. Meine Kollegin, eine nunmehr auch pensionierte Schulleiterin, hat mir die Botschaft vermittelt. Ein Rückruf und ein Blick in die Tageszeitung führen mich in die überwunden geglaubte Wirklichkeit zurück.

»Zuviel Gewalt: Erste Schule in Berlin gibt auf«. »Notruf aus Neukölln: Kollegium der Rütli-Hauptschule bekommt die Gewalt nicht mehr in den Griff und fordert die Auflösung« (siehe den Kasten mit dem »Brandbrief«). »Hauptstadt Knallhart«. Der neue Film von Detlev Buck ist angelaufen, »Knallhart« schildert die tragische Jugendszene der Überflüssigen in Neukölln. Ich habe ihn gerade im Kino gesehen und denke: »Sehr realistisch, ob die Bevölkerung das richtig versteht?« Wir hatten das Buch in der Schule gelesen.

Nun beginnt auch das Telefon zu schreien. Zeitungen, Rundfunk und Fernsehen finden schnell heraus, wer die Schule 22 Jahre geleitet hat. »Sind Sie die Brigitte Pick...?« Die meisten müssen nicht mehr weiter sprechen, denn ich antworte schnell mit einem genervten »Ja«. Das führt zu einigen La-

Rütli-Schule
– Hauptschule –

Postanschrift: Rütlistr. 41-45, 12045 Berlin
Telefon: 030-68092425 I Telefax: 030-6134001
e-Mail: Berlin.08H02@t-online.de

28.2.2006

08 II E 3.1
Frau Fischer

Mit der Bitte um Weiterleitung an:
1. Referent für Hauptschulen Herr Arnz I SenBJS – I B 6 –
2. Referentin für Gewaltvorfälle – Frau Schubert I SenBJS – I E 5 –
3. Bezirksbürgermeister Herr Buschkowsky
4. Bezirksstadtrat Herr Schimmang I Dez
5. Schulpsychologe Herr Koch I 08 II EP 8
6. SchulOrg 1 Herr Schmidt
7. Leiterin der Jugendhilfe Frau Bethke
8. Personalrat der Lehrer/innen
9. Alle Fraktionen der BVV
10. Quartiersmanagement Reuterplatz
11. Abgeordnetenhaus von Berlin
12. Migrationsbeauftragter – Herr Piening

Sehr geehrte Frau Fischer,

die Fülle der zu besprechenden Einzelfälle ließ bei Ihrem Besuch am 24.2.06 keine Zeit über die Gesamtsituation in unserer Schule zu sprechen.

Wie in der Schulleitersitzung am 21.2.06 geschildert, hat sich die Zusammensetzung unserer Schülerschaft in den letzten Jahren dahingehend verändert, dass der Anteil der Schüler/innen mit arabischem Migrationshintergrund inzwischen am höchsten ist. Er beträgt zurzeit 34,9%, gefolgt von 26,1% mit türkischem Migrationshintergrund. Der Gesamtanteil der Jugendlichen n.d.H. beträgt 83,2%. Die Statistik zeigt, dass an unserer Schule der Anteil der Schüler/innen mit arabischem Migrationshintergrund in den letzten Jahren kontinuierlich gestiegen ist:

10. Klassen = 15 I 9. Klassen = 21 I 8. Klassen = 22 I
7. Klassen = 25 (= 44%)

In unserer Schule gibt es keine/n Mitarbeiter/in aus anderen Kulturkreisen.

Wir müssen feststellen, dass die Stimmung in einigen Klassen zurzeit geprägt ist von Aggressivität, Respektlosigkeit und Ignoranz uns Erwachsenen gegenüber. Notwendiges Unterrichtsmaterial wird nur von wenigen Schüler/innen mitgebracht. Die Gewaltbereitschaft gegen Sachen wächst: Türen werden eingetreten, Papierkörbe als Fußbälle missbraucht, Knallkörper gezündet und Bilderrahmen von den Flurwänden gerissen. Werden Schüler/innen zur Rede gestellt, schützen sie sich gegenseitig. Täter können in den wenigsten Fällen ermittelt werden. Laut Aussage eines Schülers gilt es als besondere Anerkennung im Kiez, wenn aus einer Schule möglichst viele negative Schlagzeilen in der Presse erscheinen. Die negative Profilierung schafft Anerkennung in der Peer-Group. Unsere Bemühungen die Einhaltung der Regeln durchzusetzen treffen auf starken Widerstand der Schüler/innen. Diesen Widerstand zu überwinden wird immer schwieriger. In vielen Klassen ist das Verhalten im Unterricht geprägt durch totale Ablehnung des Unterrichtsstoffes und menschenverachtendes Auftreten. Lehrkräfte werden gar nicht wahrgenommen, Gegenstände fliegen zielgerichtet gegen Lehrkräfte durch die Klassen, Anweisungen werden ignoriert. Einige Kollegen/innen gehen nur noch mit dem Handy in bestimmte Klassen, damit sie über Funk Hilfe holen können.

Die Folge ist, dass Kollegen/innen am Rande ihrer Kräfte sind. Entsprechend hoch ist auch der Krankenstand, der im 1. Halbjahr 05/06 höher war als der der Schüler/innen. Ein Zeichen der unerträglichen Belastung. Einige Kollegen/innen stellen seit Jahren Umsetzungsanträge, denen nicht entsprochen wird, da keine Ersatzkräfte gefunden werden.

Auch von den Eltern bekamen wir bisher wenig Unterstützung in unserem Bemühen, Normen und Regeln durchzusetzen. Termine werden nicht wahrgenommen, Telefonate scheitern am mangelnden Sprachverständnis.

Wir sind ratlos.

Über das QM haben wir zwei Sozialarbeiter/innen mit türkischem und arabischem Migrationshintergrund beantragt, um vor allem mit den Eltern ins Gespräch zu kommen. Aber diese Maßnahme allein wird die Situation nicht deeskalieren.

Durch Schwangerschaft, lang- und kurzfristige Erkrankungen, DAZ- und Ethik-Weiterbildungen und Pensionierung ist unsere Lehrer/innenaussstattung auf unter 100% gesunken. Unser – auch im Schulprogramm aufgeführtes – Teamteaching kann nicht umgesetzt werden, da die Doppelsteckungen stets aufgehoben werden müssen, um den Vertretungsunterricht zu organisieren.

Seit Jahren blieb die Konrektorenstelle mangels Bewerbung vakant. Seit Anfang dieses Schuljahres (05/06) ist die Schulleiterin erkrankt und wird in den vorzeitigen Ruhestand gehen.

Die erweiterte Schulleitung, bestehend aus vier Lehrer/innen, hat bis Dezember '05 die Schule geleitet, dann wurde eine kommissarische Schulleiterin aus diesem Kreise ernannt.

Wenn wir uns die Entwicklung unserer Schule in den letzten Jahren ansehen, so müssen wir feststellen, dass die Hauptschule am Ende der Sackgasse angekommen ist und es keine Wendemöglichkeit mehr gibt. Welchen Sinn macht es, dass in einer Schule alle Schüler/innen gesammelt werden, die weder von den Eltern noch von der Wirtschaft Perspektiven aufgezeigt bekommen, um ihr Leben sinnvoll gestalten zu können. In den meisten Familien sind unsere Schüler/innen die einzigen, die morgens aufstehen. Wie sollen wir ihnen erklären, dass es trotzdem wichtig ist, in der Schule zu sein und einen Abschluss anzustreben? Die Schüler/innen sind vor allem damit beschäftigt, sich das neueste Handy zu organisieren, ihr Outfit so zu gestalten, dass sie nicht verlacht werden, damit sie dazugehören. Schule ist für sie auch Schauplatz und Machtkampf um Anerkennung. Der Intensivtäter wird zum Vorbild. Es gibt für sie in der Schule keine positiven Vorbilder. Sie sind unter sich und lernen Jugendliche, die anders leben, gar nicht kennen. Hauptschule isoliert sie, sie fühlen sich ausgesondert und benehmen sich entsprechend.

Deshalb kann jede Hilfe für unsere Schule nur bedeuten, die aktuelle Situation erträglicher zu machen. Perspektivisch muss die Hauptschule in dieser Zusammensetzung aufgelöst werden zugunsten einer neuen Schulform mit gänzlich neuer Zusammensetzung.

Kurzfristig brauchen wir eine Erhöhung der Lehrer/innenausstattung, um Ruhe in den Schulalltag zu bringen, der, wie oben erwähnt, geprägt ist durch Unterrichtsausfall und Vertretungsunterricht. Wir müssen Zeit und Raum bekommen für die Arbeit in Kleingruppen, für Gespräche mit einzelnen Schüler/innen und ihren Eltern, für die Besetzung unserer Anlaufstelle (Schülerclub), für das Schulverweigerer Projekt »Zurück in die Zukunft«.

Wir brauchen die tägliche Präsenz einer Fachkraft, die uns bei Deeskalation und Krisenintervention hilft. Wir wünschen uns, dass die Finanzierung unserer Peer-Mediatoren/innen nicht alle zwei Jahre unser Problem ist, sondern regelfinanziert wird. Wir wünschen uns, dass eine Möglichkeit geschaffen wird, auf unserem Gelände eine Cafeteria einzurichten.

2009 wird unser Schulgebäude 100 Jahr alt und wir hoffen, dass bis dahin eine Schule geschaffen werden kann, in der Schüler/innen und Lehrer/innen Freude am Lernen bzw. Lehren haben.

Mit freundlichen Grüßen
i.V.
P. Eggebrecht
kommissarische Schulleiterin

Von der Gesamtkonferenz am 28.2.06 verabschiedet:
keine Gegenstimmen I keine Enthaltungen

chern. Drei Tage lang lehne ich ab, mich zu irgendwelchen Ereignissen zu äußern, schließlich bin ich seit acht Monaten nicht mehr in der Schule. Ich versuche mit meinen Kollegen Kontakt aufzunehmen. Ich kann nur eine Botschaft hinterlassen, auf die niemand reagiert. Ich kann mich mit niemandem absprechen.

Ein Brandbrief des Kollegiums wird in der Tagespresse gedruckt. Er alarmiert die Öffentlichkeit. Mir scheint er wie ein Offenbarungseid zu sein. Mein Eindruck ist, in der Schule herrsche Chaos.

Ein zweiter Blick offenbart mir, es geschieht das Übliche – mit einem Unterschied: Es gelingt dem Schulpersonal nicht mehr, schuldige Schüler zu finden und verantwortlich zu machen. Das beunruhigt die Kollegen zutiefst. Sie mussten deshalb der Öffentlichkeit mitteilen, sie seien ihrer Aufgabe nicht mehr gewachsen.

Spiegel der Presse

Die meisten Zeitungen wiederholen gebetsmühlenartig Passagen aus dem Brandbrief der Lehrer:

- Türen werden eingetreten
- Der Intensivtäter wird zum Vorbild
- Aggressivität, Respektlosigkeit und Ignoranz Erwachsenen gegenüber
- Papierkörbe werden als Fußbälle missbraucht
- Knallkörper werden gezündet
- Der Unterrichtsstoff wird abgelehnt
- Gegenstände fliegen gegen Lehrkräfte
- Einige Lehrer gehen nur noch mit einem Handy in bestimmte Klassen

Daraus wird:

- Rütli als Menetekel
- Wie eine Nachricht aus einem Bürgerkrieg
- Rütli als Inbegriff der verkommenen Hauptschule
- Krawallschule
- Da ist eine Schule zur Hölle geworden
- Jugend trainiert für das Getto
- Trainingslager für den Straßenkampf
- Schule als rechtsfreier Raum
- Zerstörung, Chaos, Gewalt
- Das einzige Fach, was gelernt wird, ist die kriminelle Karriere
- Die Minderheitenkultur des Landes wird im Kleinen zur Mehrheit und diktiert sogar noch die Sprache
- Ein Klima der Angst und Intoleranz
- Im Ausnahmezustand
- Gewalt, Terror und Ausgrenzung gegen Lehrer und Mitschüler
- Kriseneinsatz auf dem Pausenhof
- Kapitulation
- Schule ist für Migranten ein Kulturschock
- Motivationshilfe: 70 Euro für Steinwurf
- Kaum ein Lehrer geht heute noch freiwillig an eine Hauptschule
- Schulhof brutal
- Gewalt macht Schule
- Notruf aus Neukölln
- Exzesse von Schülern
- Respekt statt Demütigungen
- Die Berliner Terrorschule
- Angst, Gewalt, blanker Hass, hier herrscht Anarchie
- In der Schule herrscht das Faustrecht und die Anwohner haben Angst

- Wenn Lehrer nicht mehr weiterwissen
- Die verlorene Welt
- Deutsche werden als Schweinefresser diffamiert
- Bankrotterklärung
- Klassenkampf in Neukölln
- Hass-Schule
- Furcht vor Flächenbrand
- Versagen der 68er

Lehrer spielen auf der Klaviatur weiter: »An dieser Schule werden Kriminelle und Terroristen großgezogen. Kollegen werden im Klassenraum bestohlen.«

Schüler erfüllen ihre Rolle: »Einige Lehrer haben Angst vor uns. Wenn Störer den Unterricht verlassen sollen, bleiben die einfach sitzen. Gegenstände schmeißen einige auf Lehrer.«

Als die Medien die Schule belagern, ironisieren Schüler die Lage: Sie brüllen: »Massaker, Terror, wir gehen jetzt die Lehrer verprügeln.« »Ein Bild und es gibt eins auf die Fresse.« Eine leere Plastikflasche fliegt auf die Journalistenmeute. Ein Junge beschimpft eine Frau auf Arabisch als Hurentochter, die bespuckt den Jungen daraufhin. Die meisten Schüler befinden sich abgeriegelt hinter dem Schulzaun und rufen der Journaille zu: »Ihr seid die Affen, nicht wir.« Es fliegen Steine. Rütli-Schüler berichten, 70 Euro dafür erhalten zu haben. Ein Papierkorb fliegt aus einem Fenster im dritten Stock. Auch dieser Schüler hat Geld dafür erhalten. Die Jugendlichen vertrauen sich den Mitarbeitern des Jugendheimes »Manege« an, die dies an die Presse weitergeben. Die Schule schweigt weiter. Nun werden Forderungen laut nach Schularrest, Schnupperknast u.ä., nach Erziehungskursen für Migranteneltern. Eine Task-Force Schule soll her.

Der Rütli-Schwur 2006

Als ich feststelle, wieviel Unsinniges über die Rütli-Schule und auch über mich geschrieben und gesendet wird, will ich mich gegen jeden guten Rat der Öffentlichkeit stellen, um vor allem gegen die zunehmend fremdenfeindlichen Äußerungen und gegen die unsäglichen Leserbriefe im Internet Stellung zu beziehen. Gerade bei »Spiegel-Online« beschwören die Schreiber ihre Offenheit und fordern gleichzeitig die Ausweisung problematischer Jugendlicher aus Migrantenfamilien. Das Wahre an Nachrichten aus der Schule ist ihr Warencharakter: Man veröffentlicht nur, was sich gut verkaufen lässt! Jeder Sender ist nun eifrig bemüht, die Schulleiterin a.D. als erster zu bekommen – authentisch sein! Schnell, schnell und *Good news are bad news.* Es melden sich alle Sendeanstalten des öffentlich-rechtlichen Fernsehens und auch die Privaten.

Eine besonders absurde Diskussion wird in der Sendung »2+4. Der n-tv Talk« geführt. Ein beredter Fahrer chauffiert mich zum Sender. »Geißler hat zu allem was zu sagen. Den holen sie immer, wenn sie keinen anderen bekommen.« Mich empfangen Heiner Bremer und Leo Busch zur politischen Gesprächsrunde. Die anderen Gäste sind Heiner Geißler von der CDU, Hans-Peter Uhl, innenpolitischer Sprecher der CDU/CSU-Fraktion im Bundestag und Volker Beck vom Bündnis 90/Die Grünen. »Prügelnde Schüler, Zerstörungswut, Gewalt gegen Lehrer – die Lehrkräfte einer Neuköllner Schule schlagen Alarm und auch andere Schulen schließen sich an: An unseren Hauptschulen herrscht Anarchie, der hohe Anteil von Schülern ohne eine Spur von Bildungsinteresse macht Unterricht unmöglich. Eine ganze Generation von Jugendlichen droht im Kreislauf von fehlender Bildung und Arbeitslosigkeit stecken zu bleiben. Was muss die Politik tun, um die Lehrer in Brennpunktschulen dauerhaft zu entlasten? Verlangen wir zu wenig von den Zuwanderern, die in Deutschland leben wollen? Wie kann der Teufelskreis der Jugendlichen von Verweigerung, Machokultur und Chancenlosigkeit durchbrochen werden? Über diese Fragen möchten wir diskutieren.« So lautete die Einladung der Redaktion.

Vor der Sendung wird gefrotzelt und gescherzt, man kennt sich schon lange, schätzt sich mehr oder weniger. Im Senderaum wackelt der Tisch bei jeder Kamerabewegung. Die übervollen Wassergläser schwappen über. Immer wieder bildet sich beim Geißler eine Wasserpfütze. Als routinierter Profi registriert er das gar nicht, linst hellwach, aber geduckt in die Runde und scherzt. Fragen sind nicht abgesprochen. Heiner Bremer überfällt mich als erste mit der Frage, ob das Kollegium nicht einen Offenbarungseid abgelegt habe. Ich bejahe nach kurzer Überlegung. Spreche dann aber über Probleme von sozialen Randgruppen und über Mitarbeiter, die einen Migrationshintergrund haben. So selten, wie diese uns zur Verfügung stehen, dürften sie nicht für ihre qualifizierte Arbeit mit 1-Euro-Jobs abgespeist werden. Immer wieder hätten wir kurzfristig solche Mitarbeiter beschäftigt. Sie konnten irgendwann eine Dauerstelle antreten. Niemals jedoch habe das an der Hauptschule geschehen können, wo sie am besten hätten eingesetzt werden können. Derartige Lehrer gingen nach Westdeutschland oder an Europaschulen.

Es entsteht daraufhin eine Debatte mit den üblichen Argumenten: »Kriminelle ausweisen, es wurde versäumt, zur Kenntnis zu nehmen, dass wir ein Einwanderungsland sind, wir können es uns nicht leisten, so viele Jugendliche ins Abseits zu stellen.« Volker Beck zeigt sich besonders empört, plänkelt mit Herrn Uhl und freut sich offensichtlich sehr. Als er aufgefordert wird, die benutzten Fremdworte für die Zuschauer zu erklären, bemerkt Geißler launig: »Die versteht doch der Beck selber nicht.« Immer wieder taucht die Frage auf, wie man die verlorene Generation in Arbeit bringen könne. Geißler ruft mehrfach, er habe eine Lösung. Doch da ist die Sendung bereits zu Ende. Auf die Frage nach den Perspektiven für die Jugendlichen wurde keine Antwort gegeben. Sie ins Arbeitslager zu schicken, wie es (nicht nur) von rechtsaußen gelegentlich gefordert wird, ist zynisch. Maßnahmen müssten viel früher ansetzen – kein Stoff für Talkshows.

Bei der Nachbesprechung wird Geißler vermisst. Er hat noch eine Rede fertig zu stellen. Das hat er schon bei seinem Erscheinen mitgeteilt. Dazu verschwindet er im Zimmer des Heiner Bremer. Herr Uhl und Herr Beck verstehen sich weiter glänzend. Uhl berichtet über seine schlechten Erfahrungen als Schüler. Seine Lehrerin wollte ihn nicht auf das Gymnasium lassen. Er war ihr deshalb nicht zugeneigt.

Zum Abschluss fragt mich die Redakteurin der Sendung noch nach der Herkunft des Namens Rütli-Schule, sie habe dazu keine Idee. Dieselbe Frage hat mir vor Jahren schon eine Deutschlehrerin gestellt: »Wer war eigentlich der Herr Rütli? Das wollte ich schon immer wissen.«

Der neue Schwur 2006

Wir
Penetranten
Dilettanten
Intriganten
Denunzianten
Ignoranten
Trabanten
Okkupanten
Patentanten
Garanten
Repräsentanten
wollen zusammenhalten

Es kreißt der Berg ...

Das Bild *Niederländische Sprichwörter* des Pieter Brueghel zeigt, wie fleißige Menschen einen Brunnen zuschütten, in den ein Kälbchen gefallen ist, das nun aus dem Brunnen heraus panisch dem idiotischen Treiben der Nothelfer zusehen muss. Nichts wird gut: Die Menschen unternehmen erst dann etwas, wenn es zu spät ist, was sie dann tun, ist unnütz und falsch.

Es brannte in der Rütli-Schule. Den Einsatz der Bundeswehr auf Neuköllns Schulhöfen schlug der Kabarettist Georg Schramm vor, amerikanische Verhältnisse vermutend. Das Kollegium der Rütli-Schule schrieb einen *Brandbrief* und forderte die Schulverwaltung zum Löschen auf. Der Brief geriet irgendwie an die Öffentlichkeit, es gibt einige Versionen darüber, wie das geschah. Man möchte inzwischen glauben, das Kollegium habe mitgeholfen, es habe damit seinen Mut gezeigt. War Mut in diesem Falle mit Durchblick gepaart?

Was nun folgte, ahnte niemand und wollte es auch nicht. Die Rütli-Schule ist zum Synonym geworden. Wo immer über Depravierte, über Gewalt, Chaos, Terror und Ratlosigkeit lamentiert wurde, entdeckten schlaue Analytiker – Politiker, Sozialwissenschaftler, Journalisten und auch Standesvertreter erheben mahnend ihre klapperdürren Zeigefinger – das *Rütli-Syndrom*, den *Rütli-Schock*, das *Rütli-Jahr*, die *Generation Rütli*, die *Rütli-Verschwörung*: Ist *Rütli* das Wort des Jahres 2006? Denkt die Dudenredaktion bereits darüber nach, die neuen Redensarten in ihre Wörterbücher aufzunehmen? Und was sagen eigentlich die Eidgenossen zu diesem Zauber?

Wie so oft setzen Katastrophen in Deutschland mit Sentimentalität auch eine gewisse Solidarität frei. Die Feuerwehr wurde gerufen und kam, den Brand zu löschen: Die Schulbehörde vermochte, kurzfristig Geld locker zu machen. Ein

Schulleiter wurde neu bestellt. Die Schule hat zwei neue Lehrer, drei Sozialpädagogen, ein Psychologenteam, eine Schülerzeitung, eine Tanzgruppe ins Leben gerufen. Es gab plötzlich Anstellungen und Stützungsmaßnahmen auf Zeit. Das Quartiersmanagement bemühte sich.

Ein Workshop führte Rütli-Schüler (für jeden mussten 49 Euro abgedrückt werden) mit 45 jungen Amerikanern zwischen 18 und 22 Jahren zu einem Musical zusammen. Die »Young Americans« sollten bei Schülern wohnen. Weil sich nur acht Familien fanden, mussten die Kollegen einspringen – dieses Projekt musste gelingen. Nach dem Vorbild des Erfolgsfilms »Rhythm is it«[1] sprachen die Jugendlichen über ihre Gefühle, sie probten Tanz und Gesang. Schließlich gelang eine Bühnenshow. Ein den Jugendlichen *Respekt*[2] einflößender Schüler mit muskulösen Armen, gegeltem Haar, eine Goldkette tragend, trug den Beatles-Hit »Let it be« vor, der Interims-Schulleiter brachte seine Version von »Yellow Submarine« zu Gehör. Man hat das »*Wir können auch anders*« genannt.

900 Hauptschüler, Eltern und Journalisten waren eingeladen, das Fernsehen berichtete ausführlich. Schüler und Lehrer waren übereinander und gemeinsam begeistert, man schätz-

---

[1] So heißt der Film, den der bekannte britische Dirigent Simon Rattle, der eine zeitlang Chefdirigent der Berliner Philharmoniker war, zusammen mit 250 Kindern und Jugendlichen aus sozialen Brennpunkten verwirklicht hat. Der Film dokumentiert die Geschichte von 250 Jugendlichen, die gemeinsam Strawinskys »Le Sacre du Printemps« proben. 70% der Kinder waren Hauptschüler, die den Namen Simon Rattle nie zuvor gehört hatten.

[2] So die *BZ* (Berliner Boulevardzeitung). *Respekt* ist in: Ihn hat der jüngere dem älteren Schüler zu zeigen, die Mädchen den Jungen. Respekt haben die Ängstlichen zu erweisen, wer Respekt verlangt, fühlt sich stark. Das Wort ist wesentlicher Bestandteil der Jugendsprache.

te sich wert, die Erfolge rührten an. Sicherlich ein guter Versuch, besser als nix!

Ehemalige waren nicht eingeladen worden. 25% der Lehrer und 10% der Schüler nahmen nicht teil. Waren sie krank, schmollten sie, hatten sie etwas gegen Showveranstaltungen? Das weiß man nicht, das steht nicht zur Diskussion. Why spoil the party? Warum die Party verderben?

Die Show ging dann mit einem neuen Musikprojekt weiter, das die Künstlerinitiative »School Tour« mit den siebten und achten Klassen der Rütli-Schule aufzog. Die eigens für eine Projektwoche gegründete Band rappte Selbstgetextetes. »Uns geht es gut, wir haben wieder neuen Mut. Wir erhielten neue Möglichkeiten, an die wir vorher nicht dachten.« Die *Abwendschau* und die *Mottenpost*[3] berichteten begeistert. Operation gelungen, der Patient denkt positiv.

Nach den Sommerferien wird unter fachlicher Begleitung eine Schülerfirma gegründet. Sie soll Kollektionen entwickeln und vertreiben, die im Kunst- und Arbeitslehreunterricht entstehen werden. Die Jugendlichen werden sich Botschaften ausdenken, mit denen die Kleidung bedruckt werden soll. Nun wird noch mittels eines Wettbewerbs nach einem Schullogo gesucht. Der Gewinn wird in die Kassen der Rütli-Schule fließen.

Der Markt allerdings ist der Pädagogik wie immer bereits um entscheidende Längen voraus: Ein Soziologe aus der Nachbarschaft der Rütli-Schule hatte eine wohl lukrative Idee. Er sicherte sich sofort den Namen »Rütli-Wear« beim Deutschen Marken- und Patentamt. »Wir reißen das Label *Rütli* sozusagen an uns und geben es den Schülern zurück«,[4] sagte ein Tom

[3] Kiez-Bezeichnungen für die in Berlin besonders beliebte *Abendschau* des RBB und für die *Berliner Morgenpost* des Springer-Verlags.

[4] *Tagesspiegel* vom 24.6.2006.

Hansing, sein ideales Wollen mit Geschäftssinn verbindend. Fürs Erste versah er T-Shirts mit dem Aufdruck *Rütli*. Man kann sie online bestellen oder beim Bäcker (er nennt seinen Laden *Croissanterie*) in der Pannierstraße kaufen. Das Geschäft läuft, im Urlaub an der Ostsee sah ich schon den »Rütli-Wear«.

Nun hat man das Öl reichlich über die brodelnde See verteilt, sie gischtet nicht mehr. Wird nun alles gut? Nützt das alles? Wie geht es weiter, wenn die Notaktionen eingestellt sein werden? Der Geldstrom wird ebenso versiegen, wie die Aufmerksamkeit der Öffentlichkeit nachlassen und sich neuen Sensationen zugewendet haben wird. Gilt dann wieder *business as usual?* Schulfeiern, T-Shirt-Aktionen, Versuche, durch Identifikation der Schüler mit der Schule eine *corporate identity* herzustellen, sind schließlich nichts Neues.

Das Kollegium gibt sich optimistisch: »Die Hilfsangebote aus den Bereichen Kunst/Musik/Theater versuchen wir nun zu integrieren und auch langfristig zu etablieren.«[5] Für die Leitung hat sich ein Bewerber gemeldet. Seit Ende Oktober hat die Schule einen neuen Rektor, den 39-jährigen Aleksander Dzembritzki. In der *taz* vom 24. Januar 2007 äußert er sich folgendermaßen: »Auf die Schüler hatte der ganze Hype letztendlich einen positiven Einfluss.« Die Schüler seien näher zusammengerückt.

Gute Aussichten also? Jugendliche berichten, sie seien verlacht worden, als sie bei der Vorstellung in Oberstufenzentren mitteilten, sie kämen von der Rütli-Schule. Der nun verbreitete schlechte Ruf der Schule verschlechterte die Bewerbungschancen noch mehr. In einer neunten Klasse der Schule sind neun von 17 Schülern sitzen geblieben. Da kann keine

---

[5] *blz* (Mitgliederzeitschrift der GEW Berlin) vom Juli/August 2006.

Show helfen, da nützt kein T-Shirt. Lehrer lieben Niederlagen, auch wenn es die eigenen sind! Sie nennen das, den Schülern eine neue Chance einräumen. Drei von 56 haben einen Job. Nur sind auch diese Angaben ebenso vage wie optimistisch.

... uns geht es gut...

Kein Eingang

Das Schild »Zutritt für Unbefugte verboten« habe ich während meiner Dienstzeit verhindert. Es galt die Regel, wer etwas wünscht, meldet sich im Büro an. Schule darf kein Feindesland sein, in dem viele junge Leute jeden Tag erfahren, wie lästig sie sind. Wenn sie nicht mitarbeiten, dann sollte das Anlass zur Analyse sein, nicht für Strafaktionen. Warum arbeitet jemand nicht mit, weshalb fehlt dieser und jener andauernd? Wer hat ein Problem, wer hat es verursacht?

Es gibt originäre Verweigerung selten. Im Projektunterricht und bei lebensnahen praktischen Aufgaben sieht man doch, wie Jugendliche ihr Bestes geben. Warum also nicht das Leben in die Schule holen, warum wird nicht jedes Fach zum Projekt?

Oft kamen 50 Schüler morgens verspätet zum Unterricht. Wer fragte je nach den Gründen? Es reichte aus, das Phänomen zu beklagen und eine Maßnahme zu beschließen. Man verfiel darauf, die Klingel am Schultor nach Unterrichtsbeginn abzustellen, sodass niemand mehr Zutritt fand. Die Schule wurde also um der Schule willen geschlossen.

Selbstverständlich muss es Regeln geben: Die Rütli-Schule hat gemeinsam mit der Schülervertretung eine vorbildliche Hausordnung erarbeitet und dann auch in Kraft gesetzt. »Wir haben eine gute Hausordnung, können sie aber nicht umset-

Die Hausordnung der Rütli-Schule

Allgemeine Regeln:
In unserer Schule müssen viele Schüler/innen auf engem Raum miteinander auskommen. Damit dies ohne Gefahren für alle und mit möglichst wenig Ärger vor sich gehen kann, heißt die wichtigste Regel:

Nimm Rücksicht auf deine Mitschüler/innen! Behandele sie so, wie du selbst behandelt werden willst – mit Respekt! Beleidige niemanden mit Ausdrücken, rede nicht hinter dem Rücken anderer, denn das gibt fast immer Ärger.

Während der Unterrichtszeit wird in den Klassen gearbeitet. Schüler/innen, die in dieser Zeit durchs Haus gehen müssen, sollten das so leise tun, dass sie niemanden stören. Türen aufreißen und dann schnell weglaufen ist weder besonders originell noch wirklich witzig; es ist einfach nur eine sehr unangenehme Unterbrechung der Arbeit!

Das Benutzen von Handys im Unterricht ist nicht gestattet, also: Während dieser Zeit ausschalten!

Du darfst keine gefährlichen Dinge in die Schule und zu schulischen Aktivitäten außerhalb der Schule (z.B. Wandertage) mitbringen. Dazu gehören Messer, Waffen, Knallkörper, Tränengas, Laserpointer usw.

Die Schule ist für dich und deine Sicherheit während der Unterrichtszeit verantwortlich. Deshalb darfst du das Schulgelände und die Jugendstraße auch während der Pausen nicht verlassen. Das Verabreden mit »Bekannten« und anderen Schulfreunden ist nicht erlaubt, da es immer wieder zu heftigen Konflikten geführt hat.

Wenn deine Eltern dir eine schriftliche Erlaubnis erteilt haben, darfst du im gegenüberliegenden Jugendheim »Manege« in den beiden großen Pausen etwas zu essen kaufen. Denke daran: Du bist dort Gast. Benimm dich also bitte entsprechend höflich!

Auf dem gesamten Schulgelände ist das Rauchen streng verboten.

Unterrichtsbeginn:
Wenn du zur ersten Stunde Unterricht hast, kannst du das Gebäude ab 7.50 Uhr betreten, dann stehen Aufsichten in allen Stockwerken. Du musst zu jeder Unterrichtsstunde pünktlich kommen.

Klassenraum und Schulgebäude:
Für das Aussehen eures Klassenraumes – wie überhaupt der gesamten Schule – sind wir alle verantwortlich, also auch jeder einzelne von euch! Behandele also Schränke, Tische, Stühle und Wände so, wie du es zu Hause auch tust, denn sonst müssten deine Eltern für entstandene Schäden aufkommen.

Lass Abfälle nicht einfach so liegen, wirf sie in den Mülleimer – eben wie zu Hause auch. Du wirst sehen, ohne Dreck und Müll fühlt man sich gleich wohler!

Nach der letzten Stunde werden die Fenster geschlossen und die Stühle hochgestellt, damit leichter gefegt werden kann. Nimm deine Schulsachen mit nach Hause, du bist für sie verantwortlich!

Noch ein wichtiger Punkt: Spucke nicht auf den Boden aus, das ist Ekel erregend und passt längst nicht mehr in unsere Zeit!

Pausen:
Die kleinen Pausen sind dazu da, einen Wechsel des Lehrers oder des Klassenraumes zu ermöglichen. Für alles andere ist die Zeit ohnehin viel zu kurz. Bleibe also möglichst in deinem Raum!

In den großen Pausen hast du dann Gelegenheit, dich nach dem langen Stillsitzen einmal so richtig auszutoben. Das ist gut und wichtig, nur – tobe bitte auf dem Schulhof und nicht in den Klassenräumen und Fluren, sonst wird aus der erholsamen Pause allzu leicht großer Stress!

So, das wärs fürs Erste. Haben wir noch etwas Wichtiges vergessen? Ach ja – sei herzlich willkommen bei uns in der Rütli-Schule!

zen«, klagen die Lehrer und versuchen hilflos, Regeln durchzusetzen, indem sie die Hausordnung von den Schülern abschreiben lassen.

Weil das nicht wirkt, eskalieren die Konflikte. Sie treffen dann auf macht- und ratloses Personal. Das greift aus Furcht, aus Resignation, aus gering ausgebildetem Verantwortungsgefühl nicht ein, schließt die Augen. Nun aber erwarten Migrantenkinder Interventionen, sie wollen ernst- und wahrgenommen werden – auch in ihrer Frechheit und Verweigerung. Autorität verstehen und billigen sie, autoritäres Gehabe und feige Indifferenz erkennen und verachten sie.

Wie die Schüler selbst nicht aus ihren Lebens- und Wohnverhältnissen heraus wahrgenommen werden, so blieben vielen Pädagogen die Eltern fremd. Man redet von desinteressierten, aggressiven, ungebildeten Eltern. Man beschuldigt, aber man versteht sie nicht. Die Elternabende werden selten besucht. Das wird beklagt. Dabei ist offensichtlich, dass viele von ihnen nicht in die Schule kommen, weil sie sich schämen, nicht deutsch zu verstehen und zu sprechen. Auch geben Kinder Einladungen nicht weiter. Sie möchten nicht, dass die Eltern über ihre Probleme informiert werden.

Nun bemühen sich Lehrer hin und wieder, die ausländischen Eltern anzusprechen. Sie rufen an, reden dann aber mit ihnen, wie Tarzan mit Jane kommunizierte: »Ich Lehrer von Arif, Sie kommen Schule, bitte!« Das Tarzan-Deutsch verstanden die Eltern erst recht nicht, was wiederum den Lehrer veranlasste, lauter zu werden. Mit dem Ergebnis eines wiederum gescheiterten, gut gemeinten Versuchs.

Wie aber schließt man Eltern in die Arbeit ein? Wie spricht man mit ihnen? Wie holt man sie aus von Hilflosigkeit und Scham geprägter Zurückhaltung? Wie können wir sie für den Bildungsgang ihrer Kinder interessieren? Ich habe festgestellt, dass man sie in ihren Wohnungen aufsuchen muss, wenn man sie kennen lernen und ansprechen will. Alles bleibt vergeblich, wenn man diesen ersten Schritt nicht tun mag.

Wie es zu »Rütli« kam, wird ebenso intensiv wie oberflächlich gefragt. Die Behörde hatte eine Analyse versprochen, aber diese bisher nicht vorgelegt. Die Medien entdeckten eine ungünstige »Zusammensetzung der Schülerschaft, vakante Leitungspositionen, eine willkürliche Zuweisung von Lehrern ohne Blick auf die besondere Problemlage der Schule, ein zu langes Wegschauen des Bezirksamtes und ein Versagen der Schulaufsicht, die – so heißt es in der Schule – nicht einmal ein ermutigendes Wort für die Kollegen gehabt haben soll – ganz zu schweigen von konkreter Hilfestellung.«[6] In ihrem Brandbrief machten die unterzeichnenden Kollegen klar: »Wir sind ratlos!« Wurden sie jemals beraten? Gleichwohl hätte das Kollegium der Schule Wege finden müssen, mit den Schülern zu arbeiten, nicht sie anzuklagen. Die Jungen und Mädchen deuteten einen Weg an, als sie ermutigende und motivierende Erfahrungen mit den beteiligten Künstlern während ihrer künstlerischen Projekte beschrieben: »Die haben uns in den Arm genommen, wenn wir an uns gezweifelt haben. Die haben ein richtig großes Herz.« Dieser Ausweg wäre ein lohnendes Ziel gewesen – der Weg ins Leben!

Der Schluss

Die Debatte um die Hauptschule tobt weiter. Der Erziehungswissenschaftler Dieter Lenzen, Präsident der Freien Universität Berlin, will die Hauptschule abschaffen, um ein zweigliedriges Schulsystem mit Gymnasium und einer Sekundar-

[6] *Tagesspiegel* vom 4.7.2006

schule einzuführen. Die Argumente gegen eine Integration der Schulzweige seien sozialpolitisch motiviert: Die Integrationsgegner möchten verhindern, dass die Angehörigen verschiedener Schichten bzw. verschiedener ethnischer Herkunft sich mischten. Die Differenzierung habe sich im 19. Jahrhundert in den drei Schultypen ausgedrückt, die der ständischen Gesellschaft entsprachen. Diese Ständegesellschaft gebe es nicht mehr, die Dreigliederung sei also obsolet, sagt Lenzen. Wie die Gesellschaft augenblicklich verfasst ist, wird von ihm nicht weiter ausgeführt. Die Schule bleibt jedoch Klassenschule, insofern als sie den Kindern der Vermögenden und denen der Deklassierten unterschiedliche Chancen einräumt. Die vielen eigens produzierten »wenig Begabten« sollen das Niveau an den Gymnasien nicht drücken...

Der Berliner Bildungssenator und sein Hauptschulressort möchten die Hauptschule weiter als gesund behaupten. Besonders in Wahljahren sind Eingriffe in das Bildungssystem unpopulär. Wehe, wenn der »Mob« andere Schulzweige heimsucht. Dass der Anteil der Hauptschüler an der gesamten Schülerpopulation so gering ist, dass Integration kein Problem darstellen kann, wird nicht erörtert. Kann sein, dass die gesamte Schulorganisation ihre Karten auf den Tisch legen und einen Riesenbluff offenbaren müsste. Da lässt man lieber kurzschlüssige Dunkelheit eintreten, um abzuwarten. Es ist ja nicht unwahrscheinlich, dass das Licht je wieder leuchtet.

Die Schulverwaltung prahlt: In Berlin kämen auf einen Lehrer 9,2 Hauptschüler, in Hamburg liege das Verhältnis bei 13,8. Wie erklärt sich dann, dass nur 42% der Hauptschüler die Prüfung zum Mittleren Schulabschluss geschafft haben? Die zur Prüfung zugelassenen Schüler stellen eine positive Auswahl der Zehntklässler an der Hauptschule dar. Jahrelang haben etwa 10% einer Klasse den mit dem Realschulabschluss gleichwertigen Bildungsabschluss bekommen. Nun scheint der

Anteil auf 5% gesunken zu sein. Bis zum Überdruss wird behauptet, 45% der Hauptschüler seien nicht ausbildungsfähig. Dabei wird nicht erwähnt, dass diese verbreitete Ausbildungsunfähigkeit erst so massenhaft auftrat, als die Betriebe immer weniger Ausbildungsplätze anboten.

Am 31. Juli 2006 suchten in Berlin rund 25.000 Jugendliche eine Lehrstelle. Der Anteil der Arbeitslosen unter 25 Jahren beträgt knapp 35.000. Die Bundesagentur für Arbeit stellte fest, dass jeder, der einen Schulabschluss habe, ausbildungsfähig sei. Es träten nur in einigen Bereichen Defizite auf, die aber durch intelligente Förderung behoben werden könnten. Ein Sprecher des DGB vermutet, dass allenfalls 5% der Schulabgänger nicht ausbildungsfähig seien. Die Handwerkskammer beklagt, die Bewerbungsunterlagen seien voller Fehler, es fehle an Umgangsformen und sekundären Tugenden. Viele Jugendliche seien nicht zielstrebig. Ein Mitarbeiter der Industrie- und Handelskammer in Berlin erklärte völlig humorlos, ohne Mittleren Schulabschluss hätten Hauptschulabsolventen kaum Perspektiven.[7] Der erweiterte Hauptschulabschluss ist jedoch die Regel an der Hauptschule, der Mittlere Schulabschluss ist die Ausnahme. Je mehr sich die Hauptschule von der allgemein bildenden Schule entfernt, in Berlin nennt man das Aufwertung, umso geringer werden die Chancen auf dem Arbeitsmarkt für die Jugendlichen.

Ein zynisches Agens scheint die Jugendlichen der Arbeitslosigkeit preiszugeben. Stellvertretend für die Aufgegebenen und Diskriminierten deutete ein Rütli-Schüler seine Perspektive an: »Ich mache Security!«

Nun werden zwar unter dem einleuchtenden Motto »Vorsorge statt Reparatur« Reformen vorgeschlagen: Es würde

---

[7] Laut *Tagesspiegel* vom 26.7.2006.

rund zwölf Milliarden Euro im Jahr bundesweit kosten, Bildungsstandards bereits im Kindergarten und die Kindergartenpflicht ein Jahr vor Schulbeginn einzuführen, sowie flächendeckend Ganztagsschulen auszubauen. Weil die Schülerzahlen zurückgingen, ließe sich derartiges finanzieren. Darüber hinaus ließen sich weitere vier Milliarden Euro im Jahr sparen, wenn Schulen das Sitzenbleiben als absolut untaugliches Mittel abschafften. Es lebe der Konjunktiv!

Es lohnt anscheinend nicht, immer wieder zu zeigen, was nicht läuft, was widersprüchlich ist. Wäre man naiv, sagte man:

- es wurde versäumt, die jungen Leute aus unterschiedlichen Ethnien durch sprachliche Förderung zu integrieren;
- die arbeitsorganisatorischen Entwicklungen wurden nicht erkannt;
- die Berufsvorbildung konnte nicht modernisiert werden;
- die Lehrerausbildung bezog sich nicht auf die Veränderung der schulischen Wirklichkeit.

Seit 37 Jahren habe ich das Elend gesehen und erlebt. Ich versuchte zu verbessern, zu ändern und im Elend zu helfen, so gut es in meinen Kräften stand. Als Leiterin der Schule wollte ich verantwortlich sein für ein freiheitliches Leben und Lernen. Nach 37 Jahren in der Schule weiß ich nunmehr, dass sich nichts ändert, weil sich nichts ändern soll.

Als wir 1968 versucht haben, autochthone Prinzipien in Frage zu stellen, Demokratie in allen gesellschaftlichen Bereichen durchzusetzen, da hatten wir mit roten Fahnen Provokation hervorgerufen und Aufbruch angekündigt. Ich habe die roten Fahnen von 1968 wieder gefunden. Aus ihrem Stoff habe ich mir Strandtaschen und Sonnenschirme genäht. Sie taten mir gute Dienste in dem heißen Sommer 2006 an der Ostsee. Ich schwamm an den Buhnen entlang im Wasser: den Kopf von den Kopfschüssen frei machen! Die roten Stoffsäcke gaben mir Orientierung, wenn ich zu weit vom Ufer abkam.

Meine Arbeit war mir wichtig und ernst vor allem anderen, ich wollte verstehen und verstanden werden, ich wollte kooperieren. Ich wollte eine Schule leiten, weil ich dachte, diese Grundsätze so leichter zu verwirklichen. Nicht enttäuscht, jedoch einsichtig sehe ich nun:

Ein Schulleiter leitet genauso wenig eine Schule, wie ein Korinthenkacker Korinthen kackt.

Rütli: wie es wurde, was es ist

Sich vorgefundener Orte zu vergewissern und aus der Vergangenheit zu lernen, ist zwar kein Patentrezept gegen unerwünschte Reformen des Schulalltags und die mangelnde Beachtung seiner gesellschaftlichen Hintergründe. Gleichwohl kann ein Blick in die Geschehnisse vor Ort und in die Geschichte nützlich sein, ein Bewusstsein dafür zu schärfen, dass bereits Generationen vor uns – zum Teil unter erheblich widrigeren Umständen – für eine Verbesserung der Lebensumstände gekämpft haben. Möglicherweise hilft ein Blick zurück auch gegen zu frühe Resignation in der Gegenwart.

Der Reuterkiez

Die Rütli-Schule liegt am östlichen Rand des Reuterquartiers, das nach dem niederdeutschen Volksschriftsteller Fritz Reuter benannt wurde. Das Quartier liegt am nördlichen Rand Neuköllns, zugleich mitten in Berlin. Es ragt halbinselartig in den Nachbarbezirk Kreuzberg hinein. Das mittelalterliche Dorf Rixdorf[1] entwickelte sich in der Gründerzeit zur eigen-

[1] Manfred Motel: Chronik von Rixdorf, Eine Festgabe aus dem Böhmischen Dorf zum hundertsten Jahrestag der Stadtwerdung von Rixdorf/Neukölln, hrsg. v. Förderkreis Böhmisches Dorf in Berlin-Neukölln e.V. im Auftrag des Bezirksamtes Neukölln von Berlin, Abteilung Bau, Wohnungswesen und Umweltschutz, Fachbereich Stadtplanung, Berlin 1999, S. 38.

ständigen Stadt, sie wurde 1912 Neukölln genannt. Im September 1900 wurde die Endstation der Rixdorf-Mittenwalder Eisenbahn an der Hermannstraße eröffnet. Auf diesem Bahnhof soll sich der Schuster Wilhelm Voigt auf der Toilette umgezogen haben, ehe er ins Rathaus Köpenick zu seinem Beutezug aufbrach und dann als »Hauptmann von Köpenick«[2] in die Geschichte einging. Voigt hatte bis dahin zeitweise bei seiner Schwester, Frau Menz, in der Kopfstraße 27 Quartier bezogen.

Rixdorf wurde zu Neukölln, weil nach Meinung des Magistrats der Name Rixdorf durch wilde Feste und Schlägereien in den großen Vergnügungsstätten an der Hasenheide und am Hermannplatz in Verruf geraten war.[3] 1920 wurde Neukölln in Berlin eingemeindet.

Infolge des Berliner Gründerbooms wuchs die Bevölkerung, und es entfaltete sich eine hektische Bautätigkeit, in deren Folge sämtliche Freiflächen mit Mietshäusern und Mietskasernen bebaut wurden. Der seit 1904 mit stattlichen Wohn- und Geschäftshäusern bebaute Kottbusser Damm und die als Prachtstraße ausgebaute Sonnenallee entwickelten sich zu belebten Verkehrs- und Geschäftsstraßen. Der explosionsartige Anstieg der Einwohnerzahlen (1866: 6.000 Einwohner, 1875: 15.328, 1900: 90.363, 1912: 253.047, 1914: 268.845) hatte eine gewaltige Bodenspekulation zur Folge, die die Mietpreise bei völlig unzureichenden Wohnverhältnissen in den Mietskasernen horrend ansteigen ließ. Bereits 1872 kam es in

---

[2] Winfried Löschburg: Ohne Glanz und Gloria, Die Geschichte des Hauptmanns von Köpenick, Berlin, 3. Auflage 1981, S. 34.

[3] Manuela du Bois-Reymond/Burkhardt Söll: Neuköllner Schulbuch, 2. Band, Frankfurt a.M. 1974, S. 30f.

ganz Berlin zu Wohnungsrevolten, die nur durch größere Polizeieinsätze unterdrückt werden konnten.[4]

Ein Drittel der Rixdorfer Industriebetriebe befanden sich im Reuterquartier, das von seiner Nähe zum Landwehrkanal und zum Neuköllner Schifffahrtskanal profitierte. Das Viertel war zu einem Wohn- und Gewerbegebiet geworden. Zusätzlich belebt wurde der Stadtteil durch viele kleine Läden, Geschäfte und Kneipen.[5]

Die Wohnverhältnisse im Reuterquartier waren etwas besser als im übrigen Neukölln. Es gab mehr Zwei- bis Dreizimmerwohnungen, sodass sich neben vielen Arbeitern auch Angehörige aus Mittelstand und Kleinbürgertum hier niederließen. Ehemalige Bewohner beschreiben das Reuterquartier als »etwas besseres Viertel«.[6]

Die Bevölkerung wählte rot. 1912 bei den Reichstagswahlen stimmten 80% im Quartier für die SPD. Von 1919 bis 1932 erhielten die Linksparteien SPD, KPD und zeitweise auch die USPD bei allen Wahlen eine Zweidrittel-Mehrheit. Der Rote Frontkämpferbund hatte seinen Sitz und mehrere seiner Treffpunkte im Reuterquartier. Nicht nur die großen Arbeiterparteien SPD und KPD mit ihren zahlreichen Unterorganisationen waren in Neukölln stark vertreten, sondern auch kleinere Parteien oder Organisationen – wie die SAP (Sozialistische Arbeiterpartei), Neu Beginnen (beide von der SPD abgespalten), die KPD(O) (KPD-Opposition) und die Roten Kämpfer (beide von der KPD abgespalten) sowie die Trotzkisten

---

[4] Ebd., S. 20ff.

[5] Ursula Bach/Cornelia Hüge: Wo Neukölln auf Kreuzberg trifft. Das Reuterquartier im Wandel, S. 6. Soziale Stadt – Senatsverwaltung für Stadtentwicklung. Die Broschüre ist erhältlich im Quartiersbüro Reuterplatz, Hobrechtstr. 59, 12047 Berlin.

[6] Ursula Bach, a.a.O., S. 13.

und unabhängige bzw. anarchistische Organisationen wie der ISK (Internationaler Sozialistischer Kampfbund), die K.A.P.D. (Kommunistische Arbeiterpartei Deutschlands), AAUE (Allgemeine Arbeiter Union/Einheitsorganisation) und die FAUD (Freie Arbeiter Union Deutschlands).[7]

Auch der Arbeitersport mit seinen vielen Organisationen und Vereinen wie dem Arbeiter-Sportverein (ASV) »Fichte« und dem Arbeiter-Athletenverein »Berolina« mit seinem berühmten Mitglied Werner Seelenbinder (vgl. das Kapitel: »Die Rütli-Schule, eine Lebensgemeinschaftsschule«) sowie weiteren Vereinen war in Neukölln stark vertreten. Seelenbinder und sein Verein »Berolina« konnten bis 1928 (endgültige Spaltung des Arbeitersports in eine sozialdemokratische und eine kommunistische Richtung) in der Turnhalle der Rütli-Schule trainieren.

Im »Roten Neukölln« wurden auf vielen Gebieten Reformversuche durchgeführt. Im Bereich der Architektur errichteten Bruno Taut und Martin Wagner mit der Hufeisensiedlung im eingemeindeten Britz (1925 bis 1931) eine Alternative zu den trostlosen Mietskasernen.[8] Im Gesundheitswesen wurde 1919 das Elisabeth-Kinder-Hospital (»Krankenhaus Hasenheide«) in die städtische Verwaltung übernommen und seit

[7] Vgl. hierzu: Hans-Rainer Sandvoß: Widerstand in Neukölln. Berlin: Gedenkstätte Deutscher Widerstand 1990 [Band 4 der Schriftenreihe über den Widerstand in den Berliner Bezirken von 1933 bis 1945. Die Reihe über den Berliner Widerstand wird in der Gedenkstätte kostenlos abgegeben.]

[8] Vgl. hierzu: Klaus-Peter Kloß: Siedlungen der 20er Jahre. Großsiedlung Britz Hufeisensiedlung, Waldsiedlung Zehlendorf – Onkel Toms Hütte, Großsiedlung Siemensstadt, Weiße Stadt, Großsiedlung Schillerpromenade, Berlin 1982, S. 14-29 [= Berliner Sehenswürdigkeiten 4, hrsg. von Volker Spiess].

1922 »Heilanstalt für Lungenkranke« (besonders TBC).[9] Es gab seit 1927 eine amtliche Eheberatungsstelle (die allerdings ihren Schwerpunkt nur in der Schwangerschaftsberatung hatte), seit 1928 eine Beratungsstelle der Ambulatorien der Krankenkassen, die erste Ehe- und Sexualberatungsstelle, die neben der Schwangerschaftsberatung auch Verhütungsmaßnahmen und Schwangerschaftsunterbrechungen thematisierte, was den zunehmenden Protesten gegen den § 218 (Abtreibungsverbot) entsprach. »Die Zahl der Ratsuchenden ging rasch in die Tausende. Und wenn man bedenkt, dass 75% von ihnen Verhütungsberatung, aber nur 2% Eheberatung wünschten, wird die Notwendigkeit der Stellen unzweideutig erkennbar.«[10] Bekannt im Kampf gegen den § 218 wurde der kommunistische Arzt »Richard Schmincke, seit 1927 Gesundheitsstadtrat von Berlin-Neukölln und dort später in der Ehe- und Sexualberatungsstelle der Ambulatorien der Krankenkassen tätig«.[11]

Mit einer evangelischen und einer katholischen Gemeindeschule gab es 1911 nur wenige kommunale Schulen in Rixdorf. 1908/09 entstanden die 31. und die 32. Gemeindeschule als Knaben- und Mädchenschule in der Rütlistraße. Die Knabenschule zählte 1914 1.320 Schüler. Der Volksmund nannte die Schulen Rütli-Schulen. Das von dem Neuköllner Stadtbaurat und Architekten Reinhold Kiehl konzipierte Schulhaus zeichnete sich durch einen vergleichsweise modernen Baustil aus. Das Gebäude ist U-förmig angelegt und von der Straßenfront zurückversetzt.

---

[9] Motel: Chronik von Rixdorf, a.a.O., S. 52.

[10] Kristine von Soden: Die Sexualberatungsstellen der Weimarer Republik 1919-1933, Berlin 1988, S. 85f.

[11] Ebd., S. 71f.

In der Novemberrevolution 1918 wurde auch in Neukölln ein Arbeiter- und Soldatenrat gebildet. Am 17. Januar 1919 wurde während des so genannten Januaraufstandes der KPD der Belagerungszustand über Neukölln verhängt. Am Hertzbergplatz gab es Schusswechsel zwischen Regierungstruppen und Arbeitern. Sie forderten Tote und Verwundete auf beiden Seiten.[12] Vom 3. bis 12. März 1919 kam es in ganz Berlin zum Generalstreik und zu bewaffneten Kämpfen. Über Berlin wurde der Belagerungszustand und schließlich aufgrund von gezielten Falschmeldungen über von Arbeitern begangene Gräueltaten das Standrecht verhängt. Über 1.000 Arbeiter, darunter viele Neuköllner, werden von Freikorps und Polizei getötet, Tausende misshandelt und verhaftet. Am 10. März 1919 wurde Leo Jogiches, lange Zeit Lebensgefährte von Rosa Luxemburg (die – wie auch Karl Liebknecht – schon im Januar von Freikorps ermordet worden war) und Organisator der KPD in Neukölln, verhaftet und in einer Zelle des Untersuchungsgefängnisses von hinten »auf der Flucht erschossen«.[13]

Die hohe Arbeitslosigkeit im Zuge der Weltwirtschaftskrise führte Ende der 1920er Jahre wieder zur Radikalisierung der politischen Verhältnisse. Es kam erneut zu schweren Auseinandersetzungen zwischen KPD-Demonstranten und der Polizei. Am 1. Mai 1929, dem so genannten Blutmai, versammelten sich am Morgen etwa 1.200 Demonstranten auf dem Reuterplatz. An diesem Tag demonstrierten trotz des Verbots durch den SPD-Polizeipräsidenten Zörgiebel in Neukölln (und in anderen Berliner Arbeitervierteln wie dem Wed-

---

[12] Motel: Chronik von Rixdorf, a.a.O., S. 52

[13] Lothar Berthold u.a. (Autorenkollektiv i.A. des Instituts für Marxismus-Leninismus beim ZK der SED): Geschichte der deutschen Arbeiterbewegung, Chronik Teil 2: Von 1917 bis 1945, Berlin (DDR) 1966, S. 59.

ding) rund um den Hermann-, Richard- und Hohenzollernplatz (heutiger Karl-Marx-Platz) Zehntausende für den weltweiten Feiertag der Arbeiter. Als die Schutzpolizei in Lastwagen herbeieilte, bauten die Demonstranten an den Eingängen mehrerer Straßen (z.B. der Steinmetzstraße und im Rollbergviertel) Barrikaden und leisteten erbitterten Widerstand. Die Kämpfe flammten in den folgenden Tagen und Nächten immer wieder auf und endeten erst am 4. Mai. Es gab unter den Arbeitern in Wedding und Neukölln 14 Tote, zum großen Teil völlig unbeteiligte Anwohner.[14]

Während der folgenden Jahre kam es in Berlin auch immer öfter zu Schulstreiks. Kommunistische Kindergruppen (KKG) bildeten Schulzellen. Sie kämpften schon seit Beginn der Weimarer Republik gegen reaktionäre Lehrerinnen und Lehrer, gegen Prügelstrafen, für Schulspeisung, Arbeitsschulen und Kinderheime.[15] Die kommunistische Zeitschrift »Das proletarische Kind« schrieb 1929: »Insgesamt sollen in Berlin über 7 Millionen Ausgaben für Schulzwecke eingespart werden. Wie überall, wird auch in Berlin eine Erhöhung der Klassenfrequenz durchgeführt, dabei geht man so raffiniert vor, dass man nicht etwa die Frequenz der einzelnen Schule berücksichtigt, sondern den ganzen Verwaltungsbezirk als Einheit auffasst.

---

[14] Vgl. hierzu: du Bois-Reymond/Söll: Neuköllner Schulbuch, 2. Band, a.a.O., S. 41f.; Motel: Chronik von Rixdorf, a.a.O., S. 54. In beiden Publikationen wird irrtümlich die Zahl von 19 Toten angegeben; dagegen Thomas Kurz: »Blutmai«. Sozialdemokraten und Kommunisten im Brennpunkt der Berliner Ereignisse von 1929. Mit einem Geleitwort von Heinrich August Winkler, Berlin/Bonn 1988, sowie Leon Schirmann: Blutmai Berlin 1929. Dichtungen und Wahrheit. Berlin 1991.

[15] »Erste Schulzellen« (aus: Der junge Genosse, 1923), abgedruckt in: (Autorenkollektiv): Seid bereit zum Kampf für die Sache Ernst Thälmanns! Eine Auswahl von Dokumenten zur Geschichte der revolutionären Kinderbewegung in Deutschland. Berlin 1958, S. 125.

Wird in vier Klassen die Frequenzziffer nicht erreicht, so werden Parallelklassen zusammengelegt, oder, wenn solche nicht vorhanden sind, so werden Kinder aus benachbarten Schulen zur Auffüllung der schwachbesetzten Klassen umgeschult... Auf diese Weise werden in Berlin 455 Klassen eingespart. Außerdem ist ein Beschluß gefaßt worden, 120 Lehrer (vor allem verheiratete Lehrerinnen) zu entlassen. Da gleichzeitig beschlossen wurde, zu Beginn des Etatjahres keine neuen Lehrer einzustellen (planmäßig hätte Berlin zu Beginn des Schuljahres etwa 120 Junglehrer neu einstellen müssen) und diese Einstellungssperre während des ganzen Schuljahres 1930 aufrechtzuerhalten, muß es bei der jährlichen Bevölkerungszunahme von 80.000 Personen zu katastrophalen Klassenüberfüllungen kommen. Die Ausgaben für Reparaturen, allgemeine Anschaffungen, Lern- und Lehrmittel werden um 10 und 20 Prozent gekürzt. Besonders einschneidend dürften sich die Sparmaßnahmen bei den Mitteln für die Schulreinigung auswirken, da schon jetzt nicht behauptet werden kann, daß in den Berliner Volksschulen eine vorbildliche Sauberkeit herrsche.«[16]

Ab dem 2. April 1930 standen vier Schulen, die 15., 16., 31. und 32. (die letzten beiden also die Rütli-Schulen), im Schulstreik. 90% aller Kinder streikten. Die Polizei schlug auf die Kinder ein und verprügelte mitdemonstrierende Eltern, fünf Kinder wurden verhaftet, die Eltern mit Gefängnis bedroht. Am 4. April marschierten 200 Schüler durch Neuköllns Straßen.[17] »Die Rote Fahne« schrieb am 5. April 1930: »Und warum ist der Kampf, warum streiken die Kinder? Man will sie auch um die letzten Vergünstigungen bringen. Die Gelder, welche es ihnen ermöglichen, ein bißchen in die Natur zu

[16] Ebd., S. 242f.
[17] Ebd., S. 248f.

kommen, ein paar Tage die Steinwüste zu verlassen, sind auf ein Fünftel gekürzt. Arbeiterkinder können hungern und auf den Hinterhöfen spielen. Die Abortverhältnisse in den meisten Schulen sind unerträglich. Ein bis zwei Prozent der Mädchen haben Gonorrhö. Man will 50 bis 60 Kinder in eine Klasse zusammenpressen. Eine weitere Gelegenheit, Infektionskrankheiten in die Proletarierfamilien zu tragen. Keuchhusten, Masern, Diphtherie grassieren unter den abgemagerten Kindern. Durch die ungeheuren Sparmaßnahmen werden auch die verwachsenen Kinder um ihr Sonderturnen gebracht. Darum der Kampf, darum die Demonstrationen.«[18] Im Oktober 1931 traten neben der Rütli-Schule zahlreiche andere Berliner Schulen in den Streik gegen die Sozialabbaumaßnahmen.

Unter dem Protest von KPD-Anhängern marschierten am 22. September 1929 mehrere hundert SA-Männer durch das Reuterquartier, in dem die Arbeiterparteien bestimmend waren. Nach der Machtübernahme der Nationalsozialisten wurde das Viertel mit zahlreichen Geschäftsstellen und Institutionen der NSDAP überzogen. Während der Reichspogromnacht am 9. November 1938 verwüsteten SA und NSDAP-Mitglieder auch mehrere am Kottbusser Damm gelegene jüdische Geschäfte. Ende 1942 wurden im Viertel Zwangsarbeiterlager eingerichtet, eines davon in unmittelbarer Nähe der Rütli-Schule, in der Pflügerstraße.[19]

Neukölln war eines der Zentren des Widerstands gegen die Nationalsozialisten. Die Kommunisten Alfred Schaefer und Herbert Grasse gaben die illegale Zeitschrift »Neuköllner Sturmfahne« heraus. Der Sozialdemokrat Werner Planck stellte seinen Laden für Kuriere aus Prag zur Verfügung. Der Frauenarzt Dr. Benno Heller und seine Frau Irmgard organi-

[18] Ebd.
[19] Ursula Bach, a.a.O., S. 16.

sierten Verstecke für jüdische Patienten. Aus ehemaligen Rütli-Schülern bildete sich eine Widerstandsgruppe um Hanno Günther (vgl. die Kapitel »Die Rütli-Schule – eine Lebensgemeinschaftsschule« und »Der vergessene Widerstand...«). Eine ehemalige Rütli-Schülerin, Rosalinde Pense, beteiligte sich an einer waghalsigen Aktion: In ihrem Kinderwagen transportierte sie Flugblätter, die später von den Türmen des Kaufhauses Karstadt am Hermannplatz geworfen wurden. Viele der Neuköllner Widerstandskämpfer wurden von den Nationalsozialisten ermordet.[20]

Ab 1942 bedrohten tagtägliche Luftangriffe die Bewohner des Stadtteils. Mit einem Anteil von 7% total zerstörter Häuser war Neukölln im Vergleich zu den Berliner Innenstadtbezirken jedoch glimpflich davongekommen. Das Karstadtgebäude und die Kottbusser Brücke wurden kurz vor Kriegsende von SS-Truppen gesprengt.

Zwischen dem 25. und 27. April 1945 zog die Sowjetarmee in Neukölln ein. Ab dem 12. Juli 1945 gehörte Neukölln zum amerikanischen Sektor Berlins.[21] 1946/47 war der Winter bitterkalt. Viele Wohnungen wurden von mehreren Mietparteien bewohnt. Wärmestuben wurden eingerichtet. Gegenseitige Hilfe und Nachbarschaft wurden groß geschrieben. Bis spät in die 1950er Jahre organisierten Hausgemeinschaften jährliche Kinderfeste. Nach dem Ende der Berlin-Blockade im Mai 1949 setzte allmählich der wirtschaftliche Aufschwung ein. Bis in die 1970er Jahre florierten nun wieder die vielen kleinen Läden im Viertel, die es schon vor dem Krieg gegeben hatte, und trugen zu Lebensqualität und Kommunikation bei.[22] Bis Anfang der 1970er Jahre erzielte die SPD hier überdurch-

---

[20] Ebd., S. 15

[21] Ebd., S. 16.

[22] Ebd., S. 17.

schnittliche Wahlergebnisse (so z.B. 69% zur Wahl des Abgeordnetenhauses 1963), in den 1980er Jahren wurde die CDU zur stärksten Partei.[23]

Einen besonderen Einschnitt für das Quartier bedeutete der Bau der Berliner Mauer 1961. 1970 betrug der Arbeiteranteil im Kiez noch ca. 54%. Zugleich lebten mehr Angestellte, Beamte und Selbstständige im Viertel als im übrigen Neukölln. Der Ausländeranteil lag unter 2%. Die nach dem Bau der Mauer angeworbenen Arbeitskräfte aus der Türkei zogen vorwiegend nach Kreuzberg, Tiergarten und Wedding. Seit Mitte der 1970er Jahre holten viele Zuwanderer ihre Familien nach – der Familiennachzug wurde 1974 vereinfacht, und ab 1975 galt eine neue Kindergeldregelung, die dazu führte, dass verstärkt Kinder aus der Türkei nachzogen. 1975 erließen die Bezirke Kreuzberg, Tiergarten und Wedding eine Zuzugssperre für Ausländer, viele »Gastarbeiter«-Familien wichen nach Neukölln aus.[24]

Nach dem Bau der Gropiusstadt im Süden Neuköllns Mitte der 1970er Jahre zogen die Besserverdienenden in die komfortablen Neubauwohnungen. Zurück im Reuterkiez blieben die Arbeiterfamilien, unter ihnen die Familien der zugezogenen ausländischen Arbeitskräfte. Für die ausländischen Kinder und Jugendlichen war die neue Situation in Berlin besonders schwierig. Sie litten unter beengten Wohnverhältnissen, Sprachproblemen und den Erfahrungen des Unerwünschtseins.

Zu dieser Zeit war das Interesse der Zuwanderer an politischer und gesellschaftlicher Teilhabe in ihrem neuen Lebensumfeld noch groß. Am 6. Dezember 1975 demonstrierten sie auf dem Kottbusser Damm für bessere Bildungs- und Ausbil-

---

[23] Ebd.

[24] Ebd., S. 19

dungschancen für ihre Kinder. Die Fotos dieser Demonstration zeigen viele Frauen – alle ohne Kopftuch. Erst seit 1980, dem Jahr der Übernahme der iranischen Regierung durch Khomeini, prägten Kopftücher das Straßenbild. Seit Anfang der 1970er Jahre waren eine Vielzahl alternative Projekte entstanden. Junge, von der Studentenbewegung geprägte Menschen zogen in das Quartier. Leere Fabriketagen, vom Gewerbe verlassen, wurden von Wohngemeinschaften bezogen. Auch die Hausbesetzerbewegung weitete sich auf Neukölln aus.[25]

1984 betrug der Anteil der ausländischen Bevölkerung rund um den Reuterplatz ca. 18%. Durch den verstärkten Zuzug türkischer Familien bildete sich eine türkische Infrastruktur mit eigenen Geschäften, Lokalen und Banken im Wohngebiet aus. In den 1990er Jahren nahm die Arbeitslosigkeit im Viertel stetig zu. Viele besser Situierte waren nach dem Fall der Mauer und der Vereinigung beider deutscher Staaten mit ihren Kindern ins Umland gezogen. 2002/03 lag der Ausländeranteil laut Neuköllner Kinder- und Jugendhilfebericht im Gebiet Reuterplatz bei 31,4%, unter den Kindern und Jugendlichen zwischen sechs und 18 Jahren bei 45%.[26] Im Jahr 2006 schließlich stieg der Bevölkerungsanteil der Migranten auf 50% . Die Hälfte der Migranten ist arbeitslos. Innerhalb der nächsten zehn bis 15 Jahre werden 75% der in Nord-Neukölln lebenden Menschen einen Migrationshintergrund haben. Der überwiegende Teil dieser Menschen kommt aus der Türkei, aus den Nachfolgestaaten Jugoslawiens, aus Polen und diversen arabischen Staaten.[27]

---

[25] Ebd., S. 20.

[26] Ursula Bach, a.a.O., S. 20.

[27] Heinz Buschkowsky (SPD), Bürgermeister von Neukölln, in einem *Tagesspiegel*-Interview vom 9.7.2006; die Zahlen stammen aus dem

Wegen der vielfältigen Probleme wurde im Reuterviertel Anfang 2002 das »Quartiersmanagement Reuterplatz« eingesetzt. Verschiedene Migrantenvereine, Theater- und Künstlerprojekte sowie soziale Projekte wie z.B. Fusion e.V. engagieren sich im Reuterquartier für ein besseres Leben und wenden sich gegen soziale Benachteiligung.

Die Rütli-Schule – eine Lebensgemeinschaftsschule

Als die Rütli-Schule 1984 ihr 75-jähriges Bestehen feierte, öffneten wir das Schularchiv und entdeckten die Schulchronik der Jahre von 1909 bis 1933. Sie war in Vergessenheit geraten und erlaubte uns nun einen Einblick in vergessene Geschichte. Namen, Bilder, Ereignisse bekamen für uns eine unmittelbare, teilweise bedrängende Bedeutung. Wir suchten die Personen hinter den Namen. Einige waren nach 1933 aus Berlin vertrieben worden. »Warum melden Sie sich erst jetzt?«, fragte ein Ehemaliger gleichzeitig traurig und erstaunt. Als uns dann einige besuchten, beschrieben sie anschaulich, kenntnisreich und liebevoll die Idee und die Praxis der Reformschule.

Die gewaltige Expansion der Industrie und damit einhergehend das sprunghafte Wachsen der Bevölkerungszahl im damaligen Ort Rixdorf hatten den Bau einer Schule notwen-

---

Tagesspiegel vom 12.9.2006: Einwohner: 305.900 (2005); Ausländer: 19,6% (Berlin 11,2%); unter 18 Jahre: 18% (Berlin 16%); Rentner: 23,1% (Berlin 22,8); Arbeitslose 2006: 22,4% (Berlin 17,4%), Durchschnittliches Einkommen: 775 Euro; unter 500 Euro: 13,1% (Berlin 12,2%); Hochschulreife: 13,9% (Berlin 23,7%); Hauptschulabschluss: 34,8% (Berlin 24,2%); Bezirksverordneten-Wahlen 2001: CDU 36,1%, SPD 35,5%, PDS 5,9%, Grüne 8,7%, FDP 8,2%. Leider gibt es kein separates Zahlenwerk für Nord-Neukölln. Die Angaben werden durch den Süden des Bezirks mit kleinbürgerlicher Bevölkerung relativiert.

dig gemacht. Nach eineinhalbjähriger Bauzeit konnte am 7. Oktober 1909 die 31. Knabenschule und 32. Mädchenschule mit jeweils 20 Klassen bezogen werden.

Die Schulen blieben zunächst ohne Namen. Der Volksmund nannte sie schon immer Rütli-Schulen, da sie in der Rütlistraße lagen. Die Tellstraße befindet sich gleich um die Ecke. Die anderen Straßen der Umgebung tragen Flussnamen, wie Weser-, Weichsel- oder Elbestraße und haben keinen Bezug zum Schillerschen Drama.

Jungen und Mädchen benutzten einen gemeinsamen Schulhof, der nur durch eine gedachte Linie getrennt war. Der Unterricht entsprach dem aller Volksschulen dieser Zeit. Im Ersten Weltkrieg wurde das Schulgebäude als Kaserne zweckentfremdet und erst 1920 wieder als Schule genutzt. Der Reformpädagoge Adolf Jensen wurde 1920 Rektor der 32. Schule. Er gestaltete die Schule zu einer Lebensgemeinschaftsschule um. Sein Werk wurde von 1929 bis 1933 von Fritz Hoffmann fortgesetzt. Die 31. Schule wurde von 1924 bis 1933 von Wilhelm Wittbrodt geleitet.

Das besondere Merkmal dieser »weltlichen Schulen« bestand in der Abschaffung des Religionsunterrichts und der Einführung der Koedukation. Das Unterrichtsangebot war geprägt durch zahllose Arbeitsgemeinschaften, die Lebensnähe bieten sollten. Es gab einen Stenografiekurs, einen Kurs für Esperanto und Englisch, einen für Physik sowie einen Schulgarten. Verbindliche Stoffpläne oder Stundenpläne existierten noch nicht. »Der Gesamtunterricht wird eingestellt auf die schöpferische Arbeit der Hand und des Geistes«, wurde in der Chronik vermerkt. Die Eltern arbeiteten aktiv mit den Lehrern zusammen. Sie trafen sich wöchentlich und diskutierten schul- und gesellschaftspolitische Fragen.

Erna Nelki, eine ehemalige Schülerin, beschrieb ihre Schule: »Es war ein kind- und nicht stoffbetonter Unterricht. Neben dem deutschkundlichen Unterricht gab es Musik-, Zeichen- und Werkunterricht, rhythmische Gymnastik und wöchentliche Wanderungen. Der Aufsatz stand im Mittelpunkt. Man hoffte, die Ausdruckskraft der Schüler zu entwickeln, indem man von ihrem eigenen Erleben ausging. Die Lehrer kooperierten mit den Eltern. Meine Eltern wurden in den Elternausschuss gewählt.«[28]

In dem Gebäude befanden sich zwei weltliche Schulen, die verschiedene Schwerpunkte hatten. Die eine war mehr künstlerisch betont, die andere wollte eher auf die Berufswelt vorbereiten. Das Schulexperiment zog viele neue Lehrer an. Sie konnten zwischen den Schulen wechseln und tauschten sich ständig aus. Der Lehrer Friedrich Weigelt[29] empfand die Arbeit an der Rütli-Schule als die schönste Zeit seiner beruflichen Laufbahn: »Nach 60 Jahren habe ich heute noch Beziehungen zu meinen Schülern, und in stillen Stunden überkommt mich Trauer über die im Krieg Gefallenen.« Über seine alte Schule schrieb er in der Festschrift darüber hinaus: »Der Versuchscharakter (der Rütli-Schule) wurde u.a. auch dadurch gewahrt, dass der Einschulungsbezirk auf ganz Berlin erweitert wurde, wobei die Lehrer Eingrenzungen vornehmen konnten.« Die Zusammensetzung der Klassen litt natürlich – nach den Turbulenzen des Krieges – unter dem falsch verstandenen Begriff der pädagogischen »Freiheit«. Es kamen neben den hinsichtlich einer weltlichen Schule klar entschiedenen Eltern »auch solche, deren Sprösslinge Schwierigkei-

[28] Erna Nelki: Autobiographie einer politischen Emigrantin, in: Eine stumme Generation berichtet, hrsg. v. Gisela Dischner, Frankfurt am Main 1982, S. 32.

[29] Friedrich Weigelt wurde 1899 geboren, besuchte das Lehrerseminar und die Universität in Berlin. 1933 wurde er aus dem Schuldienst der Rütli-Schule entlassen.

ten auf anderen Schulen hatten, dort nicht mitkamen oder sich keiner Disziplin fügen wollten«. Leider fehlen Hinweise, ob die schwierigen Schüler wieder selektiert und weitergereicht oder in die Gemeinschaft aufgenommen wurden.

Die Arbeitereltern zeigten immenses Interesse an der Arbeit der Rütli-Schulen. Die einstigen Kinder sind noch heute als Ehemalige stolz auf ihre Schule. Sie hätten Unterricht mitbestimmen können, was an einem Tag soweit gegangen sei, dass sie bis zum Überdruss nichts als Völkerball gespielt hätten. 1921 hatte allein die 31. Schule 1.400 Schüler. Inflation und Arbeitslosigkeit hatten Auswirkungen auf das Schulleben. Man half einander: Kinder, die zu Hause keine warme Mahlzeit bekamen, wurden von besser Situierten eingeladen, Handwerker des Quartiers beschenkten arme Kinder der Schule zu Weihnachten. Alle Schüler hatten die Möglichkeit, die Aufbauschule Karl-Marx-Schule (heute Ernst-Abbe-Gymnasium) zu besuchen, die von Fritz Karsen geleitet wurde.[30]

Nach der nationalsozialistischen Machtergreifung 1933 wurden die Lebensgemeinschaftsschulen in der Rütlistraße zerschlagen. Die Lehrer – etwa Rektor Wittbrodt und Herbert Busse, letzterer nach 1945 für die KPD Stadtrat in Neukölln[31] – wurden versetzt oder entlassen, die Schüler auf viele Schulen verteilt. Religion wurde wieder ordentliches Unterrichtsfach. Der Unterricht hatte die Ideologie der neuen Machthaber zu vermitteln. Eine große Anzahl der durch die Schulen und das engagierte Elternhaus geprägter junger Menschen war nicht bereit mitzumachen. Daher leisteten viele ehemalige Rütli-Schüler Widerstand gegen die faschistische Diktatur, einige kamen in Konzentrationslager, manche bezahlten mit ihrem Leben.

---

[30] H. R. Sandvoß: Widerstand in Neukölln, a.a.O., S. 229-232.
[31] Ebd., S. 232.

Der vergessene Widerstand

Im Bewusstsein vieler Menschen ist der 20. Juli 1944 zum Inbegriff des deutschen Widerstandes geworden. Dabei wird oft vergessen, dass es darüber hinaus und vor allem Widerstand von Christen, Sozialdemokraten, Kommunisten und Parteilosen gegeben hat. Neben erwachsenen Widerstandskämpfern gab es nicht wenige Jugendliche, die Widerstand geleistet haben, bekannt gewordene wie die Schüler und Studenten der »Weißen Rose« um die Geschwister Scholl, aber auch viele weniger Bekannte. Rütli-Schüler (und auch Lehrer) gehörten zu ihnen. Der Schüler Isak Avku beschreibt 1984 in einem Aufsatz[32] eine gemeinsame Exkursion mit ehemaligen Schülern, bei dem es auch und vor allem um den Widerstand ging:

»Mit den ehemaligen Schülern der Rütli-Schule machten wir eine Busfahrt durch Neukölln. Dabei wurde viel erzählt. Damals gab es am Richardplatz Häuser mit sieben Hinterhöfen. Die Leute verstanden sich gut mit der Nachbarschaft, was heute oft nicht der Fall ist. Es gab viele Kneipen und Hinterzimmer für Vereine. Auch ein Treffpunkt für Jugendliche um die 14 Jahre war da. Es gab kleine Kinos mit 30 Pfennig Eintritt. Die Mainzer-, Karl-Marx- und Thomasstraße waren Hochburgen der Roten. Es wurde auch Barrikadenviertel genannt. In der Richardstraße befand sich auch eine Kneipe, die als Sturmlokal der Nazis diente. Die Nazis fingen immer Schlägereien an. Sie verhafteten ohne Grund die Mitbürger. Es gab auch einen Richardstraßenprozess.[33]

---

[32] Isak besuchte die zehnte Klasse der Rütli-Schule. Er ist türkischer Herkunft und zeigte in seinem Aufsatz, wie spannend Geschichte sein kann. Der Aufsatz befindet sich in der Festschrift der Rütli-Schule zum 75-jährigen Jubiläum 1984.

[33] Zum Richardstraßenprozess siehe: Hans-Rainer Sandvoß: Widerstand in Neukölln, a.a.O., S. 146 u. 156ff.

In den Industrien (Nähe NCR[34]) mussten Leute zwölf Stunden bei Wasser und Brot arbeiten. Die Arbeiter waren Juden. Sie überlebten das nicht lange. Es wurden auch Versuche an Menschen ausgeübt. Über den Ankauf von Menschen für Versuche wurde uns ein Briefwechsel vorgelesen. Es wurde darin verhandelt, als ob man Tiere verkaufen würde. Da wurden z.B. 150 Frauen zu je 150 DM verkauft. Die Verkäufer waren staatliche Stellen, die Käufer waren Hersteller von Tabletten. Nach Versuchen mit neuen Schlaftabletten starben alle Frauen. Es wurden wieder neue Frauen gekauft.[35]

Die NSDAP versuchte, arme Leute mit billigem Mittagessen zu bestechen, um mehr Wähler zu gewinnen, aber es klappte nicht. Der Untersuchungsausschuss der Amerikaner stellte nach dem Krieg fest, dass viele große Firmen Hitler unterstützt hatten.

Wir hörten auch von C. Pohle,[36] der in Brandenburg hingerichtet wurde, weil er Hitler einen Schweinehund genannt

---

[34] NCR: National Cash Register, kann als ältestes IT-Unternehmen der Welt angesehen werden. NCR hatte eine deutsche Tochtergesellschaft NRK (später NCR GmbH) und betrieb ein Werk in Neukölln, Thiemannstraße 1-11, in dem französische und italienische Kriegsgefangene arbeiten mussten. Im Zwangsarbeiterlager Braunauer Straße 181-189 in Neukölln setzte NCR ebenfalls Zwangsarbeiter(innen) aus Polen, UdSSR und Frankreich ein; siehe http://www.zwangsarbeitforschung.de/Lagerstandorte/Neukoelln/neukoelln.html

[35] Zu NCR siehe: Dorothea Kolland (Hrsg.): Zehn Brüder waren wir gewesen... Spuren jüdischen Lebens in Berlin Neukölln. Gesellschaft für ein Jüdisches Museum in Berlin e.V., Bezirksamt Neukölln von Berlin, Abt. Volksbildung/Kunstamt, Emil-Fischer-Heimatmuseum, Berlin 1988, hier der Aufsatz von Jochen Spielmann: KZ Sachsenhausen, Außenlager Neukölln, Braunauer Str. 187/189 (= Sonnenallee), S. 420-425.

[36] Carl Pohle (Bekennende Kirche) * 1889, hingerichtet am 5.6.1944. Vorsitzender des Bundesrates der Philipp-Melanchthon-Kirchengemeinde, Kontakt zu Martin Niemöller, wegen Anhörens von »Feindsendern«,

hatte. H. Kapelle[37] wurde 1933 verhaftet und ebenfalls hingerichtet, weil er eine Widerstandsgruppe gegen Hitler gebildet und Flugblätter verteilt hatte. W. Seelenbinder war ein Sportler, der auch gegen Hitler war. Bei den Olympischen Spielen 1936 wollte er unter die ersten Drei kommen, damit er bei der Siegerehrung in die Welt schreien konnte, was Hitler für ein Schwein ist. Er wurde leider nur Vierter.

Religiöse Christen arbeiteten auch mit der Kirche zusammen. Eigentlich waren Kirche und Sozialisten wie Feuer und Wasser.

Auf der Buschkrugbrücke wurden Kinder und alte Menschen am Ende des Zweiten Weltkrieges als Verteidiger gegen die Rote Armee eingesetzt. Sie starben alle. Auf dem Buschkrugfriedhof sind sehr viele von ihnen begraben. Karstadt war damals ein Lebensmittellager. Als Karstadt gesprengt wurde (am Ende des Krieges), waren noch viele Menschen drin.«

Der in dem Schülerbericht erwähnte Werner Seelenbinder, geboren 1904,[38] war Transportarbeiter und galt als bekanntester Berliner Ringer. Er trainierte mit seinem Verein »Berolina« an der Rütli-Schule, bis der ATSB (Arbeiter Turn- und

---

Beschimpfung des »Führers« im Freundeskreis denunziert und im Zuchthaus Brandenburg hingerichtet (H.R. Sandvoß: Widerstand in Neukölln, a.a.O., S. 218f.).

[37] Heinz Kapelle * 1913, hingerichtet am 1.7.1941 in Plötzensee (H.R. Sandvoß: a.a.O., S. 161-164)

[38] Literatur zu Seelenbinder: Institut für Marxismus-Leninismus beim ZK der SED: Deutsche Widerstandskämpfer, Biographien und Briefe, Band 2, Berlin (DDR) 1970, S. 261-264; Walter Radetz: Werner Seelenbinder, Leben, Haltung, Wirkung, Berlin 1969; Walter Radetz: Der Stärkere. Ein Buch über Werner Seelenbinder, Berlin 1982; H.-R. Sandvoß: Widerstand in Neukölln, a.a.O., S. 36-38 und S. 177-178; DEFA-Spielfilm: Einer von uns, Regie: Helmut Spieß, frei nach der Biographie W.S. – im Film deshalb Richard Bertram genannt – DEFA 1960, 94 Min.)

Sportbund, mehrheitlich SPD) alle Kommunisten 1928 aus dem Verband ausschloss. Die Nutzung städtischer Turnhallen wurde untersagt. Seelenbinder war seit 1921 in der Arbeitersportbewegung, gewann sechsmal den Titel des Deutschen Meisters im Halbschwergewicht des klassischen Ringens. Er nahm 1928 an der I. Internationalen Spartakiade der Roten Sport-Internationale teil, siegte und trat nach seiner Rückkehr in die KPD ein. 1933 erhielt er den Auftrag, in einen bürgerlichen Verein einzutreten (»Sportvereinigung Ost«) und sich für die Olympiade zu qualifizieren. 1933 verweigerte er als Deutscher Meister bei der Siegerehrung den Hitlergruß, wurde verhaftet und verhört. Seine illegalen Aktionen (Flugblattherstellung und -verteilung, Kurierdienste für die KPD, wenn er mit der Nationalmannschaft im Ausland war) konnten ihm jedoch nicht nachgewiesen werden, er wurde wieder entlassen. Proteste der Sportkameraden und der Zuschauer erreichten es schließlich, dass er auch wieder ringen durfte. Er qualifizierte sich für die Olympiade 1936. Da alle Medaillengewinner vom Rundfunk interviewt werden sollten, war von der KPD ein verlässlicher Technikerstab im Rundfunk bereitgestellt worden, damit er diese Gelegenheit zur öffentlichen Anklage gegen das Nazi-System nutzen konnte. Zudem war ein Fluchtweg ins Ausland organisiert worden. Seelenbinder wurde Vierter und errang keine Medaille; so entfiel diese Chance. Er konnte aber im Olympischen Dorf vielen ausländischen Sportlern Informationen über die Nazi-Diktatur zustecken und nahm bis zu seiner Verhaftung 1942 aktiv am Widerstand teil. Besonders wichtig waren seine Auslandskontakte. Er hatte Verbindung zur Widerstandsgruppe um Robert Uhrig, die in vielen Rüstungsbetrieben Widerstandsarbeit leistete. Bei der Aufdeckung dieser Tätigkeit wurde auch Seelenbinder verhaftet und am 24.10.1944 im Zuchthaus Brandenburg hingerichtet. Ein Ehrengrab befindet sich am Sportstadion Neukölln (Oderstraße), das nach dem Krieg für kurze Zeit seinen Namen trug und seit 2004 »Werner-Seelenbinder-Sportpark« heißt.

Eine Widerstandsgruppe gegen die Nazis bildete sich um den ehemaligen Rütli-Schüler Hanno Günther. Ihr gehörten u.a. Dagmar Petersen, Emmerich Schaper, Hanno Günther und Bernd Sikorski an, die sich an der Rütli-Schule kennenlernten.[39] Maria Menzel, die Mutter von Hanno, war aktives Mitglied des Elternbeirates der Rütli-Schule und selbst Lehrerin von Beruf. Sie beschrieb in ihrem Lebenslauf die Rütli-Schule als »eine weltliche Volksschule, die es sich wie wohl keine zweite in Berlin angelegen sein ließ, antifaschistischen Geist in der Jugend zu wecken und zu pflegen«.[40] Der Schulleiter Wilhelm Wittbrodt war Kommunist.[41]

Als sich die Gruppe nach der Schulentlassung 1940 zu einem Klassentreffen wieder traf, schlossen sie sich zur oppositionellen Arbeit zusammen. Sie hatten sich aus zusammengelegten Spargroschen ein Zimmer gemietet und gaben vor, dort Feste zu feiern. Hanno Günther hatte die Schule aus politischen Gründen verlassen müssen und durfte kein Abitur machen. Er lernte bei seinem Onkel in der Bäckerei Menzel in

---

[39] Literatur zur Rütli-Gruppe: Volker Hoffmann: Hanno Günther – ein Hitlergegner. Geschichte eines unvollendeten Kampfes, Berlin 1992, (Reihe Deutsche Vergangenheit, Stätten der Geschichte Berlins, Bd. 80); H.-R. Sandvoß: Widerstand in Neukölln, a.a.O., S. 235-239; Karl-Heinz Jahnke: Entscheidungen. Jugend im Widerstand 1933-1945, Frankfurt/Main 1970, 251 S., hier S. 52-62.

[40] R. Arndt/R. Fuldt/H. Jung/S. Krämer/R. Lange/K. Neusüß-Dörschel/R. Niklaus/B. Pick/B. Polchow/H. Tiemann (Mitarbeiter): Festschrift 75 Jahre Rütli-Schule 1909-1984, Berlin 1984, S. 80.

[41] Volker Hoffmann: Sand im Getriebe. Zwischen Schulreform und Schulkampf: Hier: Zur Geschichte und Auflösung der Rütli-Schule(n), Berlin 1985

der Nürnberger Straße das Bäckerhandwerk. Die Bäckerei besteht noch heute unter anderem Namen. »Emmerich Schaper war Büroangestellter geworden. Dagmar Petersen arbeitete als Stenotypistin, Bernd Sikorski als Dreher. Später stieß Wolfgang Pander zur Gruppe. Da er Jude war, durfte er das Gymnasium nicht weiter besuchen und lernte Autoschlosser. Auch diese Lehre durfte er nicht beenden und hielt sich als Kohlenträger, Tiefbauarbeiter und Hilfsschlosser über Wasser.«[42]

In dem teilmöblierten Zimmer hörten sie ausländische Radiostationen ab und diskutierten deren Meldungen. Auf zwei kleinen Abzugsmaschinen vervielfältigten sie Flugblätter und Klebezettel, die sie an Litfasssäulen, Mauern, Schaufenstern und auf Plakate der NSDAP klebten. Nach Kriegsbeginn 1939 tauchten diese Zettel überall in Berlin auf. Auf einem der Zettel stand »Hitlers Sieg – ewiger Krieg! Volkes Sieg – beendet den Krieg.« Es folgte ein offener Brief an Adolf Hitler, in dem die Einlösung von Versprechungen nach Enteignung von Warenhäusern und deren Vermietung an Kleingewerbetreibende gefordert wird. Unterschrieben war der Brief mit »Heil Hitler! Paul Schulze im Namen vieler anderer.«

Von Juli 1940 an gab die Gruppe die Flugschrift »Das freie Wort« in sechs Folgen heraus. Jede Nummer wurde in einer Auflage von 200 bis 300 Stück gedruckt und verteilt. Sie behandelten die Wortbrüchigkeit und Friedensdemagogie der Nazis, sie versuchten ihre sozialen Phrasen zu entlarven, behandelten die steigenden Kriegslasten, klagten die lügenhafte Darstellung des Oberkommandos der deutschen Wehrmacht

---

[42] Festschrift, a.a.O., S. 81 (Faksimile eines Artikels aus dem *Tagesspiegel:* »Im Schatten des 20. Juli. Der vergessene Widerstand der Neuköllner Rütli-Gruppe – Jugendliche wurden hingerichtet«).

an, veröffentlichten den Aktienbesitz von führenden NS-Funktionären und machten Hitler und Goebbels in Form einer Weihnachtslegende lächerlich.[43] Im Sommer 1941 wurde die Gruppe verraten.

Hannos Mutter schrieb über den Prozess gegen ihren Sohn und seine Gefährten: »Voller Wut sagte der Vorsitzende zu den Zeugenaussagen eines Vaters: ›Ich möchte nun keine Loblieder über die Rütli-Schule mehr hören!‹ Er hatte Recht mit seinem Zorn, und nichts und niemand soll uns jetzt mehr hindern, das Lob der Rütli-Schule zu künden. Sie ist es, die die heilige Saat in die jungen Seelen gelegt hat, die sie stark machte, zu ihrer guten Sache zu stehen bis zum bitteren Ende.«[44] Am 13. Oktober 1942 verkündete der Volksgerichtshof: »Die Angeklagten Günther, Pander, Sikorski ... werden wegen Vorbereitung zum Hochverrat, von Günther begangen in Tateinheit mit landesverräterischer Feindbegünstigung, zum Tode und zum dauernden Verlust der bürgerlichen Ehrenrechte verurteilt. Die Angeklagte Petersen wird wegen Beihilfe zur Vorbereitung zum Hochverrat zu sieben Jahren Zuchthaus unter Anrechnung von 14 Monaten Untersuchungshaft und zu sieben Jahren Ehrverlust verurteilt. Die beschlagnahmten zwei Abziehapparate (Wert je 25 Reichsmark) und das Rundfunkgerät des Angeklagten Günther (Wert 100 Reichsmark) werden eingezogen. Die Angeklagten haben die Kosten des Verfahrens zu tragen.«[45]

Emmerich Schaper starb bereits vor seiner Hinrichtung in einer der Todeszellen von Plötzensee an den Folgen schwerer Misshandlungen. Die anderen drei jungen Widerstandskämpfer wurden am 3. Dezember 1942 in Plötzensee durch Erhän-

[43] Ebd., S. 81.
[44] Ebd., S. 80.
[45] *Tagesspiegel*-Faksimile, in: Festschrift, S. 81.

gen hingerichtet. Das Alter der Verurteilten lag zum Zeitpunkt der Tat zwischen 17 und 20 Jahren. Wolfgang Pander z.B. war am 12. April 1917 geboren. Günther ist vier Jahre jünger, geboren am 12. Januar 1921. Den Namen »Rütli-Gruppe« hatte die Widerstandsgruppe von der Geheimen Staatspolizei erhalten, die Gruppe selbst hatte wohl keinen Namen. Dagmar Petersen überlebte und lebt heute in München.

Hanno Günther schrieb in seinem letzten Brief an seine Mutter: »Liebe Mutter! Wenn Du diesen Brief erhältst, lebe ich nicht mehr auf dieser Welt. Ich hoffe und wünsche von ganzem Herzen, daß Du diese Nachricht ebenso ruhig und gefasst auf nimmst, wie ich heute Mittag die Mitteilung von meiner heute Abend zu vollziehenden Hinrichtung entgegennahm. Sei überzeugt, daß ich mich bis zum letzten Augenblick in der Gewalt haben werde, und ich erwarte fest, daß auch Du nicht und niemals verzweifeln wirst, was auch kommen mag.

Du schriebst einmal, wir zwei bilden eigentlich eine Einheit, und dies ist auch mein unverbrüchlicher Glaube: Diese Verbundenheit kann nun auf ewig nicht mehr getrennt werden. Bei unverdorbenen Völkern herrscht der schöne Glaube, dass man nach seinem Tode in den Schoß der Mutter zurückkehrt; dies habe ich – wenn auch im übertragenen Sinne – zu meinem Glauben gemacht. Denn sieh, wenn es eine überirdische Macht gibt, so sind wir doch alle Ausdrucksformen Gottes. Mit unserem Tod vereinigen wir uns wieder mit dem Ursprung, der eine früher, der andere später. So sind auch wir von nun ab wieder untrennbar vereint. Wir haben alle hier auf Erden eine Aufgabe zu erfüllen, und meine Aufgabe ist nun erfüllt. Ich komme zu Dir zurück.

Dir aber wünsche ich, daß Dir noch in einem recht langen Leben viel Gutes und Schönes beschert werde, dass Du Dir Deinen Lebensmut und Deine Lebensfreude nie rauben lässt, und daß Du dereinst genauso ruhig und zuversichtlich den unvermeidbaren Gestaltswechsel vollbringst, wie ich ihn zu vollbringen hoffe.

Herzlichste Grüße an Dich auf immer von

Deinem Hanno«[46]

Eine jüdische Widerstandsgruppe aus ehemaligen Rütli-Schülern scharte sich um Herbert Baum. Zu ihr gehörten Hildegard Jadamowitz, Hans-Georg Mannaberg und Werner Steinbrink.

Hildegard Jadamowitz besuchte die Rütli-Schule von 1922 bis 1929. Sie war eine hervorragende Schülerin, übersprang zwei Klassen und war mit zwölf Jahren bereits in der Oberklasse. Zuerst aktiv in der Rote-Hilfe-Jugend, wurde sie 1931 Mitglied des Kommunistischen Jugendverbandes in Neukölln. Bereits 1932 wurde Hildegard von der Polizei auf dem Präsidium wegen Verteilens von Flugblättern festgehalten. Zu diesem Zeitpunkt war sie gerade 16 Jahre alt. Seit 1936 wirkte sie illegal für die Neuköllner Bezirksorganisation der Internationalen Arbeiterhilfe. Hier lernte sie Werner Steinbrink kennen, mit dem sie sich später verlobte. Er leitete mit Herbert Baum den Unterbezirk Südost. Trotz ihrer guten Zeugnisse war Hildegard nach ihrer Schulentlassung lange arbeitslos. Im

---

[46] Abgedruckt nach: Erkämpft das Menschenrecht. Lebensbilder und letzte Briefe antifaschistischer Widerstandskämpfer, hrsg. v. Institut für Marxismus-Leninismus beim ZK der SED, bearbeitet v. Heinz Schumann und Gerda Werner, Berlin (DDR) 1958, S. 200f. Auch in: Institut f. Marxismus-Leninismus beim ZK der SED: Deutsche Widerstandskämpfer, Biographien und Briefe, Band 1, Berlin (DDR) 1970, S. 350. Die Festschrift »75 Jahre Rütli-Schule« von 1984, a.a.O., S. 85, druckt eine in der letzten Zeile des Briefes variierende Fassung: »Herzlichste Grüße an Dich, Paul und alle Verwandte und Bekannte, besonders auch an Daggi [Petersen, B.P.], auf immer von Eurem Hanno«. Die Herkunft dieser Fassung ist heute nicht mehr feststellbar. Sie stammt wahrscheinlich von Dagmar Petersen.

März 1936 wurde sie zum ersten Mal verhaftet und nach neun Monaten Untersuchungshaft aus Mangel an Beweisen freigesprochen. Sie bildete sich im Selbststudium zur Röntgenassistentin weiter, was ihr später ermöglichte, Krankmeldungen und Arzneimittel für Illegale zu beschaffen. Sie stellte auch Verbindungen zur »Rütli-Gruppe« her.

Werner Steinbrink war von 1923 bis 1931 Rütli-Schüler. 1935 schloss er eine Laborantenlehre ab. Auch er wurde 1936 verhaftet und mangels Beweisen freigesprochen.

Hans-Georg Mannaberg war gelernter Drucker. Er saß 1935 bereits vier Monate in Haft. 1938 wurde er für 18 Monate im Konzentrationslager Sachsenhausen interniert. Nach seiner Entlassung arbeiteten sie alle gemeinsam an der antifaschistischen Zeitschrift »Der Ausweg«, die an Soldaten gerichtet war. Vom 9. Mai bis zum 21. Juni 1942 fand im Berliner Lustgarten die nationalsozialistische Hetz-Ausstellung »Das Sowjetparadies« statt. Die Angehörigen der Baum-Gruppe beschlossen einen Brandanschlag. Am 18. Mai besuchten elf Mitglieder der Gruppe, darunter Steinbrink und Jadamowitz, die Ausstellung. An einem mit Stoff überzogenen Pfeiler wurde der Brandsatz befestigt. Die Mitglieder der Gruppe konnten unbemerkt entkommen. Das Feuer vernichtete nur einen kleinen Teil der Ausstellung. Die Gestapo verhängte eine Nachrichtensperre. Die Gruppe wurde verraten. Drei Tage später begann eine Verhaftungswelle. Zwei Monate später, am 18. August 1942, wurden Hildegard Jadamowitz, Werner Steinbrink und Hans-Georg Mannaberg zusammen mit anderen Mitgliedern der Gruppe in Berlin-Plötzensee hingerichtet.[47] Als »Vergeltungsaktion« für den Brandanschlag ließ der

---

[47] Literatur zur »Gruppe Baum«: Margot Pikarski: Jugend im Berliner Widerstand. Herbert Baum und Kampfgefährten, Berlin 1978 (enthält Kurzbiographien, S. 131-163, und Dokumente der Gruppe, S. 164-

SS-Obersturmbannführer Eichmann 500 Berliner Juden verhaften. In Berlin-Lichterfelde wurden 250 von ihnen ermordet, die anderen 250 in verschiedene Konzentrationslager deportiert.

Auch der ehemalige Lehrer der Rütli-Schule, Bruno Lindtner, leistete von 1933 bis 1936 illegale antifaschistische Arbeit als Mitglied der Reichsleitung der »Roten Kämpfer«. Am 27. November 1937 wurde er verhaftet und vom Volksgerichtshof zu siebeneinhalb Jahren Zuchthaus wegen »Vorbereitung zum Hochverrat unter erschwerenden Umständen« verurteilt.[48] Von 1937 bis 1943 saß er im Zuchthaus Brandenburg-Görden. Kurz vor Ende seiner Haftzeit wurde er zum berüchtigten Strafbataillon 999 eingezogen. Ende 1944 lief er auf dem Balkan zu den bulgarischen Truppen über. 1945 geriet er in sowjetische Gefangenschaft, wo er bald antifaschistische Schulungsarbeit übernahm. Seit 1948 lebte er in Berlin-Grünau und ist Mitte der 80er Jahre verstorben.[49]

---

220); Volker Hoffmann: »Jüdisch geboren, Kommunist geworden, dafür gelebt«. Die jüdisch-kommunistische Widerstandsgruppe Herbert Baum. In: Dorothea Kolland (Hrsg.): Zehn Brüder..., a.a.O., S. 390-401; »Hildegard Jadamowitz«, Erinnerungen von Beatrice Jadamowitz [der Schwester, B.P.], abgedruckt in: Hanna Elling: Frauen im deutschen Widerstand 1933-45, Frankfurt am Main, 2. Aufl. 1979, S. 110-117; H.R. Sandvoß: Widerstand in Neukölln, a.a.O., S. 176f.

[48] H. R. Sandvoß: Widerstand in Neukölln..., a.a.O., S. 114-119.

[49] Die Angaben basieren auf einem Gespräch der Autorin mit Bruno Lindtner in Grünau sowie auf: Volker Hoffmann: Sand im Getriebe, a.a.O.

Aus Ruinen in die Moderne: Die Schule von 1945-1983

Der Zweite Weltkrieg wirkte sich auch auf die Schule aus: Lehrer wurden zum Kriegsdienst kommandiert, Unterricht und Schulzeit wurden verkürzt. Viele Lehrer und Kinder mussten wegen der verheerenden Bombenangriffe nach Brandenburg evakuiert werden. 1942 machte man das Gebäude zum Lazarett. Erst 1947 konnte es wieder als Schule bezogen werden.

1948 wurde in Berlin die Einheitsschule neu begründet. Acht Jahre sollten die Schüler gemeinsam unterrichtet werden, die befähigten Schüler konnten nach Klasse acht auf das Gymnasium wechseln, die anderen besuchten eine neu geschaffene neunte Klasse, in der sie eine dezidierte Berufsvorbildung erfahren sollten. Koedukation wurde wieder eingeführt. Weil man die Einheitsschule als sozialistisch einstufte und antikommunistischer Verblendung folgte, wurde sie am 23.6.1951 in West-Berlin wieder abgeschafft.[50] Die noch immer bestehende sechsjährige gemeinsame Grundschule ist ein Relikt dieses fortschrittlichen Gedankens.

Das Schulgesetz von 1951 brachte die bis heute dominierende Dreigliedrigkeit des Schulsystems auch nach West-Berlin. Nach sechs Jahren Grundschule differenzierte sich die Oberschule in eine auf drei Jahre angelegte »Oberschule Praktischen Zweiges«, eine vier Jahre dauernde »Oberschule Technischen Zweiges« und eine »Oberschule Wissenschaftlichen Zweiges«, die in sieben Jahren zu absolvieren war. Seit 1969 heißen die Zweige Hauptschule, Realschule und Gymnasium.

---

[50] Die DDR führte nach Staatsgründung die Einheitsschule ein. Finnland orientierte sich später an diesem Schulsystem beim Umbau des eigenen.

Knüppel, Krampen und Konflikte

Ein ehemaliger Rütli-Schüler erinnert sich an seine Kindheit in Neukölln

Von Horst Bosetzky

Ein Rütli-Schüler, ja das war ich. Zu Schlägereien verabredet, Lehrer geärgert und Schwächere geschlagen – all das, was man heute so liest über die angeblich so schreckliche Neuköllner Schule, das haben wir auch gemacht. Und wir waren keine Ausländer. Aber es war ja auch eine andere Zeit. Von 1946 bis 1951 besuchte ich die 31. Grundschule an der Rütlistraße – eine reine Jungs-Schule damals.

Die Verhältnisse waren nicht so, dass wir lieb und artig daherkamen. Oft war der Vater im Krieg gefallen oder saß in Gefangenschaft, Mütter mussten arbeiten. Viele von uns waren Schlüsselkinder, die Sozialisation erfolgte durch Gleichaltrige. Alle waren wir traumatisiert, hatten in Luftschutzkellern gesessen, waren evakuiert gewesen und in Dörfern von der einheimischen Jugend malträtiert worden, hatten Bombenangriffe erlebt, mitbekommen, wie Mütter vergewaltigt wurden. Da waren viele zum Wolf unter Wölfen geworden, die Straßen wurden von – heute würde man sagen – jugendlichen Warlords beherrscht. Die hatten ihre Ausbildung in der Hitlerjugend genossen, wo man zäh wie Leder und hart wie Kruppstahl sein musste. Weh dem Knaben, der in der Nähe der Rütli-Schule zart besaitet war.

Wir konnten uns nicht per Handy verabreden, geplante Straßenschlachten gab es trotzdem. Man kämpfte mit Fäusten, Gürteln, Knüppeln oder Katapulten. Verschossen wurden Steine und Nägel. Mein Freund Gert, heute Professor in München, erinnert sich, dass einem Jungen ein Auge ausgeschossen wurde. Nicht wer den besten MP3-Player hatte, sondern wer die meisten Blessuren aufweisen konnte, war der größte Held.

Allerdings zählte auch dieser nur in seinem Gebiet, denn es gab No-Go-Areas, Feindesland. Ich hatte wahnsinnige Angst, die Weserstraße zwischen Pannier- und Rütlistraße entlangzugehen, weil da im Hausflur ein großer Junge lauerte, der sich auf andere stürzte und sie verprügelte. Szenen, wie man sie aus dem Neukölln-Film »Knallhart« kennt. Auch bei uns wurden Schwächere abgezogen. Zwar hieß es damals nicht so und sie mussten auch nicht Turnschuhe und Handys hergeben. Aber Fußbälle, Spielzeug-Rennautos oder geklautes Buntmetall. Erzählte man zu Hause, dass man überfallen wurde, bekam man ein paar hinter die Ohren. »Dafür, dass du dich nicht gewehrt hast!«

Zwei Welten gab's in der Rütli-Schule. Die Werte der Lehrer galten in der Welt, in der leistungsstarke Schüler Achtung genossen. In der Pause hatten die Schläger, ein, zwei Jahre älter, das Sagen. Sie wussten, wie es sich gut leben lässt. So wie heute: mit Erpressung. Wer ihnen Geschenke brachte, blieb ungestört, wen sie auf dem Kieker hatten, wurde bedroht und verprügelt. Prügeleien waren an der Tagesordnung, manche brachten sogar gusseiserne Schlagringe mit. Die Lehrer konnten dagegen nichts ausrichten. Es hätte auch kein landesweites Medienecho gegeben, wenn sie in einem Brief über die Zustände gejammert hätten. Wir ärgerten sie, beschossen sie mit Krampen oder stellten ihnen wacklige Stühle hin. Ein Kamerad steckte Rasierklingen in die Ritzen auf den Sitzflächen. Am besten ließ sich der Unterricht mit Stinkbomben stören. Altes Filmmaterial in Zeitungspapier gewickelt und angezündet, das wirkte. Meine Lehrerin lief mindestens einmal die Woche weinend aus dem Raum.

Liest man heute von der Rütli-Schule, kommt mir vieles bekannt vor, bis auf die Tatsache, dass wir Deutsche waren, obwohl die Lehrer meinten, Deutsch sei unsere erste Fremdsprache. Perfekt beherrschte es keiner, und ick weeß bis heute nich so richtich, wat 'n Perfekt und 'n Imperfekt is.

aus: Berliner Zeitung vom 8.4.2006

Horst Bosetzky, geboren 1938 in Berlin, emeritierter Soziologieprofessor in Berlin, Autor von Jugendbüchern, Hör- und Fernsehspielen sowie historischen Romanen. Unter dem Namen »-ky« ist er als einer der erfolgreichsten deutschen Krimi-Autoren bekannt.

Seit 1966 gab es für die Hauptschule ein freiwilliges zehntes Schuljahr, das ab 1979 zum Pflichtschuljahr wurde. Schüler mit einem guten Leistungsdurchschnitt erhielten damit die Möglichkeit, einen der Realschule gleichwertigen Bildungsabschluss zu erhalten. Zu dieser Zeit besuchten etwa 40% der Schüler eines Grundschuljahrganges die »Haupt«schule, deshalb der Name.

Mit der Einrichtung einer »Oberschule Praktischen Zweiges«, der 2. OPZ, die erst am 16. September 1960 offiziell den Namen Rütli-Schule erhielt und einer »Oberschule Technischen Zweiges«, die 1. OTZ, die sich seit 1956 Heinrich-Heine-Schule nannte, verstärkten sich die Selektionsprozesse. Sie unterstellten, jeder wissenschaftlichen Herleitung bar, Begabungstypen: den Handwerker, den Techniker, den Wissenschaftler.

Der Text der Urkunde zur Namensgebung für die Rütli-Schule lautet: »Um den von Lehrerkollegium und Elternvertretung geäußerten Wunsch zu erfüllen, verleihen wir der 2. Oberschule Praktischen Zweiges den Namen Rütli-Schule. Möge der Name alle an der Schule Wirkenden stets daran erinnern, einig zu sein in der Fortführung einer pädagogischen Tradition, die vom Schulreformer Adolf Jensen begründet wurde.« Die Schulreform von Karsen, Jensen, Reichwein aber wurde mit der neuen Ordnung, die eine alte war, begraben.

Ab Mitte der 1970er Jahre verschlechterten sich die Berufsaussichten der Hauptschüler. Durch die Einrichtung der Mittelstufenzentren und der Gesamtschulen, von denen allein in Neukölln 1974 drei eröffnet wurden, wurde die Hauptschule zurückgedrängt und zur Schule für sozial Benachteiligte, für soziale Randgruppen oder – wie man heute sagt – für marginalisierte Gruppen. Heute steuern weniger als 10% eines Grundschuljahrganges diesen Schulzweig freiwillig an. Hauptschule bedeutet nun nicht mehr hauptsächlicher Zuzug von Grundschülern zu diesem Schultyp, sondern: Hier kumuliert sich in der Hauptsache die geballte Ignoranz über das Schulsystem.

Die Hauptschule wurde seit Anfang der 1970er Jahre das Auffangbecken für die immer zahlreicher werdenden Zuzüge von Kindern aus den Familien der Arbeitsmigranten. »Die Integrationsarbeit ist doch kein Problem für die linken Lehrer, die es in den Arbeiterbezirk Neukölln gezogen hat«, so dachte man und ließ es an entsprechender Fortbildung fehlen. »Es sind Gastarbeiter, die gehen ja wieder, wenn sie genug für ein Häuschen zusammengerubelt haben. Arbeiten können die ja wie die Kümmeltürken.« Das war eines der häufigsten Argumente der damaligen Zeit. Deutschland ein Einwanderungsland? Niemals!

Alarmiert von der Tatsache, dass die Hauptschule zum Sammelbecken für sozial Benachteiligte wurde, forderte die GEW-Gruppe der Neuköllner Hauptschullehrer schon Mitte der 1970er Jahre die Abschaffung der Hauptschule und die Einführung der Einheitsschule von Klasse eins bis zehn. Das Abschaffen der Dreigliedrigkeit bei großflächiger Einführung der Mittelstufenzentren muss die damalige sozialdemokratische Regierung einfach vergessen haben!

Versuche und Irrtümer: Die Schule von 1983-2005

Die stark selektierte Schülerschaft der Hauptschulen veranlasste die Senatsschulverwaltung 1984, eine neue Hauptschulkonzeption zu erlassen. Die Klassenfrequenzen wurden gesenkt, die Klassen 7 und 8 sollten eine Einheit bilden, das Sitzenbleiben möglichst vermieden werden. Der Klassenlehrer sollte mindestens zehn Wochenstunden in der Klasse unterrichten, damit projektorientierter Unterricht möglich wurde.

Diese Konzeption setzten wir auch in der Rütli-Schule um. Hinzu kamen etliche Aktivitäten und Maßnahmen, die das soziale Klima verbessern halfen. Wir gehörten zu den ersten Schulen, die Schülermediatoren ausbildeten, die es noch heute gibt. Vor allem Lehrerinnen haben sich qualifiziert, um die Schüler selbst fortbilden zu können. Das ständige Betteln um Geld für diese Maßnahme war zu frustrierend.

Als eine der ersten Schulen in der Stadt richteten wir ein Schulverweigererprojekt ein, das sich um die Reintegration von Schwänzern in die Regelschule bemüht oder die Jugendlichen in andere Maßnahmen überleitet. Zwei Lehrer arbeiten als Begleiter und Übergangshelfer in den Beruf mit den Jugendlichen. Sie unterstützen sie bei Bewerbungen oder Übergängen an weiterführende Schulen. So konnte die Zahl der Schulabbrecher deutlich gesenkt werden. Die Schule hat eine Sozialstation, die Schüler mit Problemen auffängt. Dieser Schülerclub wird ausschließlich von Lehrern geführt, die sich in Gesprächstraining weiterbilden mussten.

Von 1989 bis 1991 gab es die »Rütli-Post«, eine Schülerzeitung. Die Schule hatte eine Theatergruppe, betreut von einer Lehrerin und einer Schauspielerin. Es gab Selbstverteidigungskurse, die für Mädchen und für Jungen getrennt abgehalten wurden. Unterschiedliche Filmprojekte wurden durchgeführt. Die Klassenräume werden seit Jahrzehnten mit den Schülern renoviert. Alle Projekte starben, wenn entweder das Geld fehlte oder es keine Lehrerkapazitäten mehr gab.

Die Rütli-Schule kooperierte mit der Ausländerbehörde, mit dem Quartiersmanagement, mit dem türkischen Wirtschaftsverband, mit dem Jugendamt, der Jugendhilfe, mit der Polizei. Die Polizei führte regelmäßig Anti-Gewalt-Trainings in den Klassen durch. Die Hälfte des Kollegiums hatte von 2002 bis 2004 an einer zweijährigen Fortbildung »Eigenverantwortliches Lernen« teilgenommen, um ihren Unterricht umzustrukturieren. Eine Schülerfirmengründung wurde angebahnt sowie ein Kooperationsvertrag mit einer Firma geschlossen, um die Betriebspraktika qualitativ zu verbessern.

Muttersprachliche Mitarbeiter mit arabischem oder türkischem Hintergrund wurden als 1,50-Euro-Kräfte über das Arbeitsamt eingestellt und arbeiteten erfolgreich an der Schule. Eine kontinuierliche Arbeit mit ihnen war jedoch nicht möglich, weil sie uns verließen, wenn sie feste Arbeitsverhältnisse auf dem ersten Arbeitsmarkt eingingen. Weder die berufsvorbereitenden Aktivitäten noch die zahlreichen Gespräche an unterschiedlichen runden Tischen führten zu einer einzigen Lehrstelle für einen Jugendlichen. Von etwa 60 Schulabgängern der Rütli-Schule im Jahr 2005 fand keiner eine Lehrstelle.

Die Geschichte der Rütli-Schule(n) zeigt exemplarisch, dass pädagogisches Handeln und institutionelle Rahmenbedingungen, in denen es stattfindet, keine gesellschaftsneutralen Veranstaltungen sind. Die Errichtung einer zweiten Demokratie nach dem Zweiten Weltkrieg bedeutete eine große Chance und Verpflichtung auch für die Gestaltung des Schullebens. Deshalb ist es höchste Zeit, eine chancengleiche, qualifizierte Ausbildung aller Schüler unabhängig von Herkunft und ökonomischem Status zu gewährleisten.

Durch ständige Selektion kann dieses Ziel nicht erreicht werden.

Zum Weiterlesen

Seyran Ates (2005): Große Reise ins Feuer, Berlin.
Ursula Bach (2004): Wo Neukölln auf Kreuzberg trifft – Das Reuterquartier im Wandel, Berlin.
Dietrich Benner (2003): Die Pädagogische Bewegung von der Jahrhundertwende bis zum Ende der Weimarer Republik. In: Dietrich Benner/Herwart Kemper: Theorie und Geschichte der Reformpädagogik, Teil 2, Weinheim/Basel.
Siegfried Bernfeld (1967): Sisyphos oder die Grenzen der Erziehung, Frankfurt a.M.
Manuela du Bois-Reymond (1971): Strategien kompensatorischer Erziehung. Das Beispiel USA, Frankfurt a.M.
Manuela du Bois-Reymond/Burkhardt Söll (1974): Neuköllner Schulbuch, 1. und 2. Band, Frankfurt a.M.
Pierre Bourdieu (1999): Die feinen Unterschiede. Kritik der gesellschaftlichen Urteilskraft, Frankfurt a.M. (11. Auflage).
Pierre Bourdieu/Jean-Claude Passeron (1971): Die Illusion der Chancengleichheit, Stuttgart.
Serap Cileli (2002): Serap – Wir sind Eure Töchter, nicht Eure Ehre, Michelstadt.
Gisela Dischner (Hrsg.) (1982): Eine stumme Generation berichtet, Frankfurt a.M.
Gabriele Frydrych (2006): Du hast es gut. Aberwitz im Schulalltag. Norderstedt.
Hans-Jochen Gamm (Hrsg.) (1970): Erziehung in der Klassengesellschaft. Einführung in die Soziologie der Erziehung, München.
Paul Goodman (1971): Aufwachsen im Widerspruch, Darmstadt.
Gustav Grauer/Peter Umbsen/Reinhart Wolff (1983): Gewalt in der Schule – Schule als Gewalt. Sonderdruck aus: Die Problematik der Disziplinschwierigkeiten im Unterricht, Darmstadt.
Hartmut von Hentig (1999): Bildung, Weinheim.
Hartmut von Hentig (1993): Die Schule neu denken, München/Wien.
James Herndon (1972): Die Schule überleben, Stuttgart.

Volker Hoffmann (1992): Hanno Günther, ein Hitler-Gegner, Berlin.
Volker Hoffmann (1985): Zwischen Schulreform und Schulkampf. Zur Geschichte und Auflösung der Rütli-Schule(n). In: Sand im Getriebe. Neuköllner Geschichten, Berlin.
Cornelia Hüge (Hrsg.) (2004): Quartiersmanagement Reuterplatz im Rahmen des Projektes »Soziale Stadt« der Senatsverwaltung für Stadtentwicklung, Berlin.
Freerk Huisken (2007): Über die Unregierbarkeit des Schulvolks. Rütli-Schulen, Erfurt usw., Hamburg.
Freerk Huisken (2005): Der »PISA-Schock« und seine Bewältigung. Wieviel Dummheit braucht/verträgt die Republik?, Hamburg.
Freerk Huisken (1972): Zur Kritik bürgerlicher Didaktik und Bildungsökonomie, München.
Necla Kelek (2006): Die verlorenen Söhne, Köln.
Anette Leppert-Fögen (1974): Die deklassierte Klasse. Studien zur Geschichte und Ideologie des Kleinbürgertums, Frankfurt a.M.
Elke Nyssen (Hrsg.) (1975): Unterrichtspraxis in der Hauptschule. Situationsanalysen und Unterrichtsmodelle, Hamburg.
Gerd Radde (1973): Fritz Karsen. Ein Berliner Schulreformer der Weimarer Zeit, Berlin.